Innere Klarheit finden

Das Praxisbuch

Wie Sie Ruhe, Klarheit und Lebenskraft erlangen, um selbstbestimmt und authentisch zu leben - inkl. einfacher Meditation und digital Detox

Paulina Goesmann

INHALT

Das erwartet Sie in diesem Buch

Hallo, liebe Leserin und lieber Leser!

Wenn Sie dieses Buch lesen, dann sind Sie wahrscheinlich auf ein sehr häufiges Problem in unserer Zeit gestoßen – Sie sind „verloren". Nicht im physischen Sinne, natürlich. Sie haben eine der Fähigkeiten des Menschen als ein überlegenes biologisches Wesen verloren: geistige Klarheit. Wie sind Sie dazu gekommen? Lassen Sie mich raten: Sie sind müde von dem Informationsfluss, der von überall her auf unsere Gehirne einprasselt, oder vielleicht ist Ihr Job mit geistiger Arbeit verbunden und Sie spüren förmlich, wie Sie geistig überfordert sind, oder etwas in Ihrem persönlichen Leben ist schiefgelaufen. Wie fühlen Sie sich? Müdigkeit ist das Erste, was in den Sinn kommt. Das Gehirn ist müde, und das äußert sich in Symptomen wie verminderter Konzentration, Gedächtnisproblemen sowie einem Gefühl der völligen Verwirrung im Kopf und einer gewissen mentalen Desorientierung, sozusagen. Sie können nicht mit Ihren Gefühlen umgehen, Sie stehen ständig vor der schweren Entscheidung zwischen „Ich will" und „Ich soll/muss" ...

Und obwohl es keine Statistiken über die Verbreitung dieses Phänomens gibt, glauben Experten, dass heute rund 600 Millionen Menschen weltweit an kognitiver Dysfunktion in unterschiedlichem Maße leiden können. Damit wenden sich viele Menschen an einen Psychologen oder Psychotherapeuten – und das ist nicht überraschend. Die Welt ist so dynamisch und manchmal sogar sehr stressig geworden, dass unser Gehirn mit einer solchen Fülle an Ereignissen, Daten, Fakten und anderen Informationen manchmal nicht mehr zurechtkommt. Das ist in Ordnung. Obwohl das menschliche Gehirn einzigartig ist, sind seine Möglichkeiten nicht unbegrenzt, das Gehirn ist keine Maschine und neigt dazu, müde zu werden.

Ich bin selbst keine Ärztin und kann Ihnen keine wertvollen, klinisch nachgewiesenen Ratschläge geben, aber ich werde versuchen, Ihnen als jemand, der dasselbe durchgemacht hat, zu helfen. Ich bin noch jung, aber ich kann es wagen, Ihnen einige Empfehlungen zu geben, die mir in meiner Zeit geholfen haben, meine innere Krise selbst zu bewältigen. Ich war kurz davor, einen Psychologen aufzusuchen, aber etwas hielt mich im letzten Moment davon ab. Der Gedanke setzte sich in meinem Kopf fest: „Ich muss versuchen, das allein zu bewältigen." Das habe ich erfolgreich geschafft. Und ich bin mir zu 99 % sicher, dass Sie das auch können. Sie sollten es zumindest versuchen, und mein Buch wird für Sie ein vollwertiger Ratgeber in dieser schwierigen Angelegenheit sein.

Ich muss Sie jedoch warnen, dass Ihnen die in diesem Buch beschriebenen Methoden möglicherweise nicht weiterhelfen. In diesem Fall sollten Sie einen Spezialisten aufsuchen, da sich die Symptome eines Burnouts und die Symptome einiger psychischer Erkrankungen überschneiden können.

Dieses Buch ist nicht mit Selbstbehandlungsmethoden gleichzusetzen, sondern in gewissem Sinne eine Erste Hilfe bei akuten Symptomen. Und Sie wissen, dass, wenn der Rettungsdienst machtlos ist, Sie einen Arzt aufsuchen sollten, eine vollständige Diagnose und gegebenenfalls eine nachfolgende Therapie durchführen, die nur von einem Spezialisten mit entsprechender Ausbildung durchgeführt werden kann, der ich nicht bin. Ich bin nur ein Mensch, dem die Erste

Hilfe geholfen hat. Bevor Sie mit dem ersten Kapitel dieses Handbuchs fortfahren, beantworten Sie sich selbst die folgenden Fragen:

- Sind Ihre Tätigkeiten mit geistiger Arbeit verbunden?
- Sind Sie derzeit Student(in)?
- Fällt es Ihnen schwerer, sich Dinge zu merken (Daten, Ereignisse, Namen usw.)?
- Haben Sie sich in letzter Zeit bei dem Gedanken ertappt, dass Sie nicht verstehen, warum Sie morgens aufstehen?
- Haben Sie sich in letzter Zeit dabei ertappt, dass Sie Dinge einfach tun, weil sie getan werden müssen, ohne es zu wollen, „automatisch"?
- Ist Ihnen in den letzten Wochen aufgefallen, dass Aktivitäten und Dinge, die Ihnen früher ein positives Gefühl gegeben haben, heute langweilig sind?
- Haben Sie manchmal das Gefühl, dass Sie „keine zwei Worte zusammensetzen können"? Oder ein Wort liegt Ihnen auf der Zunge, aber Sie können es sich nicht merken?
- Schlafen Sie weniger als 7–8 Stunden pro Nacht?
- Haben Sie schlechte Angewohnheiten (z. B. Zigarettenrauchen und Alkoholkonsum)?
- Interessieren Sie sich für das Thema der menschlichen kognitiven Fähigkeiten im Allgemeinen? Wollten

Sie schon immer die Feinheiten des Gehirns verstehen und dieses Wissen auf sich selbst anwenden?

Je mehr „Ja"-Antworten Sie haben, desto mehr brauchen Sie dieses Handbuch. Ich kann davon ausgehen, dass Sie mindestens eine der obigen Fragen mit Ja beantwortet haben, also lassen Sie uns alles über geistige Klarheit behandeln.

Dieses Buch besteht aus nur zwei Kapiteln. Das erste Kapitel enthält eher allgemeine Ratschläge, die die Autorin persönlich an sich selbst getestet hat und deren Wichtigkeit und Wert sie garantieren kann. Im zweiten Kapitel geht es dagegen um die Klarheit des Geistes bei der Arbeit. Darin wird Schritt für Schritt beschrieben, wie Sie sich auf produktives Arbeiten vorbereiten, was Sie tun und was Sie nicht tun sollten, um Ihren Kopf freizubekommen. Ich möchte darauf hinweisen, dass der Algorithmus aus dem zweiten Kapitel wenig Sinn ergibt, wenn man die Empfehlungen aus dem ersten Kapitel außer Acht lässt. Wenn Sie weiterlesen, werden Sie den Grund dafür verstehen.

Ich hoffe, dass mein Handbuch für Sie nützlich und interessant sein wird. Ich wünsche Ihnen eine angenehme Lektüre und eine angenehme Veränderung Ihres psychischen Zustands!

Kapitel 1: Allgemeine Empfehlungen.

Wenn es um mentale Probleme geht, sollten Sie zunächst einmal darüber nachdenken, wie gesund Sie leben. Das wissen wir aus jeder Steckdose, wir hören und lesen ständig über einen gesunden Lebensstil, aber seien wir ehrlich: viele von uns vernachlässigen die grundlegenden Regeln, wenn es um unsere Gesundheit geht. Nicht nur über das Physische, sondern auch über das Mentale. Fangen wir denn also mit den Grundlagen an ...

1. MIT DEM RAUCHEN AUFHÖREN.

Jeder kennt die Gefahren des Rauchens, dennoch rauchen nach Angaben des Bundesministeriums für Gesundheit insgesamt 23,8 Prozent der Frauen und Männer ab 18 Jahren. Etwa 1,7 Milliarden Menschen auf der Welt rauchen jeden Tag, das ist etwa ein Fünftel der Weltbevölkerung. Da die Gewohnheit des Rauchens meist im Jugendalter "geboren" wird, sollte auch die Zahl der jugendlichen Raucher berücksichtigt werden.

Wenn Sie noch nie geraucht haben, derzeit nicht rauchen und auch nicht vorhaben, mit dem Rauchen anzufangen, dann nehmen Sie bitte meine herzlichen Glückwünsche an und fahren Sie mit Punkt 2 fort. Für alle anderen sind die nachstehend aufgeführten Informationen relevant und nützlich.

Nach übereinstimmender Meinung von Wissenschaftlern aus der ganzen Welt handelt es sich um ein Nervengift. In kleinen Dosen bleibt es zwar eine gefährliche und giftige Substanz, steigert aber die Erregung. Dies bedeutet jedoch nicht, dass Nikotin als Stimulanz angesehen werden kann. Seine Auswirkungen stören den natürlichen Rhythmus vieler Organe. Der Energieschub, der unmittelbar nach dem Rauchen auftritt, ist darauf zurückzuführen, dass sich zunächst die

Blutgefäße, die das Gehirn mit Blut versorgen, erweitern. Aber sehr schnell kommt es zu einem umgekehrten Prozess. Nikotin hat eine krampfartige Wirkung auf die Blutgefäße im Gehirn, was zu anhaltenden Kopfschmerzen führen kann. Darüber hinaus kann Nikotin den Cholesterinstoffwechsel beeinträchtigen, dessen Ablagerung zu einer Beeinträchtigung der Blutgefäße durch atherosklerotische Plaques führt. Es ist die Verengung der Blutgefäße, die als der wichtigste schädliche Faktor für die Auswirkungen dieser Gewohnheit auf die Blutzirkulation im Gehirn bezeichnet werden kann. Die Verengung der Blutgefäße führt zu einer mangelnden Blutzufuhr, was wiederum zu Sauerstoffmangel führt. Infolgedessen sterben die Nervenzellen ab.

Auch das Rauchen ist eine wichtige Risikoquelle für verschiedene Arten von Schlaganfällen. Da das Kreislaufsystem nicht richtig funktioniert, besteht die Gefahr von Verstopfungen in den Blutgefäßen des Gehirns. Da Rauchen die Blutgefäße verengt, wird es für Blutgerinnsel schwieriger, durch ihre Kanäle zu gelangen. Es besteht das Risiko einer anderen Art von Schlaganfall, bei dem die Blutgefäße selbst betroffen sind. Die Folge ist eine massive und oft tödliche Blutung. Der Schlaganfall ist eine der häufigsten Todesursachen – nach dem Herzinfarkt die zweithäufigste unter den Krankheiten des Kreislaufsystems.

Nikotin wirkt sich direkt auf die mentale Klarheit aus. **Bei einer Person, die von Zigaretten abhängig ist, kann es zu einem Rückgang verschiedener Hirnfunktionen kommen.** Eine europäische Studie mit 9.000 Personen hat gezeigt, dass Raucher ihre kognitiven Fähigkeiten fünfmal schneller verlieren: Ihr Gedächtnis lässt nach, es wird schwieriger, sich zu konzentrieren, ihre Denkprozesse verlangsamen sich, sie brauchen länger, um sich auf eine Arbeit einzulassen usw. Bei langfristiger Abwesenheit von Nikotin im Körper wird man extrem reizbar, nervös und hat eine sehr schlechte Laune, was auf eine starke Nikotinsucht hinweist.

Im Folgenden wird ein Test für die Rauchsucht durchgeführt. *Der Fagerström-Test* bewertet die Nikotinabhängigkeit von Rauchern und besteht aus nur 6 einfachen Fragen. Je höher die Endpunktzahl ist, desto größer ist die Nikotinsucht. Maximale Punktzahl = 10.

1. Wie schnell greifen Sie nach dem Aufwachen zu einer Zigarette?

1. innerhalb der ersten 5 Minuten (3)
2. nach 6 bis 30 Minuten (2)
3. nach 31 bis 60 Minuten (1)
4. nach mehr als 60 Minuten (0)

2. Fällt es Ihnen schwer, an Orten, wo das Rauchen verboten ist, darauf zu verzichten?

1. ja (1)
2. nein (0)

3. Auf welche Zigarette können Sie am schwersten verzichten?

1. Auf eine morgendliche Zigarette (1)
2. Auf eine nachfolgende (0)

4. Wie viele Zigaretten rauchen Sie pro Tag?

1. Bis 10 (0)
2. Von 11 bis 20 (1)
3. Von 21 bis 30 (2)
4. Mehr als 30 (3)

5. Rauchen Sie in den ersten Stunden nach dem Aufwachen häufiger als im Laufe des Tages?

1. Morgens (1)
2. Während des Tages (2)

6. Rauchen Sie während einer Krankheit, wenn Sie eigentlich Bettruhe einhalten sollten?

1. Ja. (1)
2. Nein. (0)

Zählen Sie die Anzahl der Punkte (in Klammern angegeben).

Auswertung von Testergebnissen

Grad der Abhängigkeit:

- 0–2 Punkte: Sehr niedrig
- 3–4 Punkte: Niedrig
- 5 Punkte: Mittel
- 6–7 Punkte: Hoch
- 8–10 Punkte: Sehr hoch

Selbst, wenn Sie nur 1–2 Punkte in diesem Test eingeben, hetzen Sie nicht, sich zu freuen, das bedeutet nicht, dass alles gut ist und Sie nichts zu befürchten haben. Rauchen wirkt sich extrem negativ auf die Gesundheit aus, unabhängig davon, ob Sie wenig oder viel rauchen, ob Sie eine schwache Abhängigkeit haben oder nicht. Es ist immer noch eine schädliche Gewohnheit, mit der man kämpfen muss, auch, wenn es nur eine Zigarette pro Tag ist.

2. BEGRENZEN SIE IHREN ALKOHOLKONSUM.

Sie dürfen diesen Abschnitt überspringen, wenn Sie keinen Alkohol trinken und noch nie Alkohol konsumiert haben. Sie können jedoch die Informationen über die schädlichen Auswirkungen von Alkohol auf den menschlichen Körper nur zur allgemeinen Information lesen.

Laut einer Studie von David Nutt, einem britischen Psychiater und Pharmakologen, ist Alkohol die schädlichste Substanz für den Menschen. Schädlicher als Heroin, Kokain, LSD und andere Drogen (wir werden im nächsten Abschnitt mehr über Drogen sprechen). Wir wollen herausfinden, wie sich Alkohol auf unseren Körper auswirkt und warum wir uns Gedanken über unseren Alkoholkonsum machen sollten. Aber zuerst möchte ich Ihnen eine Frage stellen: Haben Sie schon einmal darüber nachgedacht, wie viel Alkohol die Menschen trinken?

Laut Statistik des Bundesgesundheitsministeriums:

„6,7 Millionen Menschen der 18- bis 64-jährigen Bevölkerung in Deutschland konsumieren Alkohol in gesundheitlich riskanter Form. Etwa 1,6 Millionen Menschen dieser Altersgruppe gelten als alkoholabhängig (ESA 2018). Durchschnittlich werden pro Kopf der Bevölkerung jährlich rund zehn Liter reinen Alkohols konsumiert.“

Jeder zweite Mensch konsumiert gelegentlich Alkohol. Wenn man den Schaden für den Einzelnen und seine Umgebung bedenkt, ist Alkohol die schädlichste Droge der Welt. Dies ist in erster Linie auf die Menge des konsumierten Produkts zurückzuführen. Alkohol ist beliebter als jede andere Droge. **Wir sind an Alkohol gewöhnt, und das ist beängstigend.**

Wenn wir Alkohol als selbstverständlich ansehen, vergessen wir, dass Zungenschnalzen, Party und Kater nicht die einzigen Auswirkungen von Alkohol auf unseren Körper sind.

Viele Menschen denken, dass ein oder zwei Drinks „für die Stimmung" kein so großes Verbrechen gegen die Gesundheit sind.

Es ist erwiesen, dass sich der Mensch nach den ersten zwei Getränken (Gläsern) gut und wohlfühlt, ein angenehmes Gefühl der inneren Wärme stellt sich sofort ein, die Stimmung hebt sich, man will scherzen und über alles reden, auch mit Menschen, die man nicht kennt. Es dauert jedoch nicht lange, bis die gute Laune von Missmut und Aggression abgelöst wird, die Bewegungskoordination beeinträchtigt ist und die Sprache nach wenigen Minuten undeutlich wird, alles verursacht durch den Alkohol, der sich schon in kleinen Dosen schädlich auf das Nervensystem auswirkt.

Unter Alkoholeinfluss sind die willkürlichen Bewegungen beeinträchtigt, der Mensch verliert die Kontrolle über sich selbst, verliert die Selbstbeherrschung, die Schüchternheit, er sagt und tut Dinge, die er nüchtern nie sagen oder tun würde.

Wissenschaftler auf der ganzen Welt sind sich einig: **„Ein zerstörter (auch kleinster) Teil des Gehirns kann nicht repariert werden."**

Der geschädigte Teil des Gehirns wird durch eine

Narbe (Bindegewebe) ersetzt, und die entstandene Lücke wird durch Verdrängung benachbarter, erhaltener Hirnareale gefüllt. Das bedeutet, dass zu den 14 bis 17 Milliarden Neuronen im Gehirn, die bei der Geburt gebildet wurden, im Laufe des restlichen Lebens kein einziges Neuron hinzukommt. Die Alkoholvergiftung ist derzeit die Hauptursache für das Massensterben menschlicher Neuronen.

Die Thrombose der Hirnblutgefäße, die damit einhergehenden Mikroschläge (kleine Blutungen) und die Störung des Stoffwechsels in den Neuronen führen zum Absterben einer großen Anzahl von Zellen in allen Teilen des Gehirns.

Die Anhäufung solcher Schäden, wenn immer mehr Alkohol in den Körper gelangt, führt zu Funktionsstörungen des zentralen Nervensystems und sogar zu organischen Veränderungen. Das Gehirn des Alkoholkranken schrumpft und auf seiner Oberfläche entsteht eine neue Topografie.

Das Absterben von Neuronen infolge von Thrombosen und Mikroschlägen in der Großhirnrinde führt zum Verlust einiger Informationen und zur Beeinträchtigung des Kurzzeitgedächtnisses.

Die normale Anhäufung von Lebenserfahrungen, die Verbesserung der beruflichen Fähigkeiten und des Sozialverhaltens sowie die Bereicherung der Beziehungen zwischen dem Einzelnen und seinen Angehörigen werden beeinträchtigt. Menschen, die mehr oder weniger systematisch trinken, entwickeln ein bestimmtes Verhalten, das von Psychologen als „**Alkoholautomatismus**" bezeichnet wird. Sie äußert sich darin, dass der Mensch das ihm biologisch innewohnende Bedürfnis verliert, ständig nach etwas Neuem zu suchen, immer perfektere Formen der Aktivität und der Kommunikation mit anderen Menschen zu erfinden. Sie begnügt sich damit, tagein, tagaus, Jahr für Jahr die gleichen Standardhandlungen, Gedanken und Worte zu wiederholen.

Bei chronischem Alkoholismus gehen die Prozesse, die zur Beeinträchtigung des Gedächtnisses führen, manchmal so weit, dass die Fähigkeit, sich an kürzlich stattgefundene Ereignisse und gerade wahrgenommene Informationen zu erinnern, fast vollständig verloren geht.

Ein systematischer Trinker kann sich zwar noch an einzelne Begriffe und die sie ausdrückenden Wörter erinnern, kann aber keine Verbindungen zwischen ihnen herstellen: Es kommt zu einem Gedächtnisverlust.

Der häufige Konsum von alkoholischen Getränken geht mit einer Verarmung der Sprache, einer Verringerung des aktiven Wortschatzes einher; die Fähigkeit, mit Wörtern zu arbeiten, Sätze darauf aufzubauen, wird schwierig. All diese Faktoren führen zu einer Verringerung der Kommunikationsebene und zur sozialen Isolation der alkoholabhängigen Person selbst. Die Kontakte mit anderen Menschen werden immer primitiver.

Die Begriffe „Gesprächspartner" und „Trinkkumpel" nähern sich mit zunehmender Alkoholmenge an und werden schließlich zu Synonymen. Eine sinnvolle menschliche Kommunikation, bei der sich Menschen über das austauschen, was sie gelernt, gesehen oder erfunden haben, verkommt zu einer „Drei-Wege"-Kommunikation. Unter Alkoholeinfluss wurden auch zahlreiche andere Störungen der geistigen Aktivität festgestellt: Die Schärfe der taktilen Wahrnehmung (Tastsinn), die Schärfe des Gehörs, die visuelle und motorische Aktivität sind reduziert.

Es gibt keine Funktion des Gehirns oder des Nervensystems im Allgemeinen, die nicht durch Alkohol gehemmt wird. Anstelle des natürlichen menschlichen Drangs, eine Lösung für ein Problem zu finden, worauf er bei der Arbeit oder in seinem Privatleben stößt, geht der Trinker davon weg, indem er seinen Verstand mit Alkohol vernebelt. Der systematische Alkoholkonsum führt zu einer tiefgreifenden und umfassenden Degradierung der Persönlichkeit.

Eine extreme Ausprägung der Prozesse, die im Gehirn als Folge ständiger Alkoholexposition auftreten, ist die Enzephalopathie. Dabei handelt es sich um Hirnschäden, die durch Sauerstoffmangel der Gehirnzellen und eine gestörte Blutzirkulation entstehen. Je länger der Alkoholkonsum einer Person zurückliegt, desto wahrscheinlicher ist die Entwicklung einer Enzephalopathie. Das Gehirn eines Alkoholkranken gleicht einem Schlachtfeld: Es ist mit nekrotischen Stellen übersät, die nur eines bedeuten: eine schwere Schädigung des Gehirns; mit fortschreitendem Alkoholismus wird es für den Betroffenen immer schwieriger, normale Aufgaben zu erfüllen, vor allem, wenn er geistige Arbeit verrichtet. Gedächtnis, Rationalität, Logik, Geschwindigkeit des Denkens, Fähigkeit, Ideen zu entwickeln – all diese unerklärlichen Eigenschaften eines gesunden Gehirns lassen nach und schwinden.

Das ist aber alles nur Theorie.

Wie man die negativen Auswirkungen von Alkohol reduzieren kann?

Hören Sie auf zu trinken. Aber es ist unwahrscheinlich, dass Sie sich dazu entschließen werden, zumindest am Anfang. Hier sind also einige sanfte Tipps, die helfen, die Auswirkungen von Alkohol auf den Körper zu verringern:

● Trinken Sie viel Wasser. Alkohol entzieht dem Körper Flüssigkeit. Idealerweise sollten Sie einen zusätzlichen Liter Wasser trinken, oder sogar zwei, wenn Sie wissen, dass Sie Alkohol trinken werden.

● Essen Sie. Ein voller Magen verlangsamt die Aufnahme des Alkohols, sodass Ihr Körper Zeit hat, ihn allmählich auszuscheiden.

● Übertreiben Sie es nicht mit fettigen Lebensmitteln. Ja, Fette bilden einen Film, der verhindert, dass Alkohol vom Magen aufgenommen wird, aber zu viel fettes Essen schadet eher, als dass es nützlich ist.

● Vermeiden Sie kohlensäurehaltige Getränke. Das in ihnen enthaltene Kohlendioxid beschleunigt die Aufnahme von Alkohol.

● Wenn Sie nur Gesellschaft haben wollen und nicht vorhaben, sich zu betrinken, ist ein starkes Getränk pro Stunde die beste Wahl. Wenn Sie sich an diese Regel halten, hat Ihr Körper Zeit, den Alkohol auszuspülen.

● Aus persönlicher Erfahrung: Es ist eine gute Idee, regelmäßig Aktivkohletabletten einzunehmen, wenn man Alkohol trinkt. Dies trägt dazu bei, dass die Abbauprodukte des Ethanols schneller ausgeschieden werden und man nicht so schnell betrunken wird. Ich habe 2–3 Tabletten etwa alle ein bis anderthalb Stunden mit viel Wasser eingenommen. Die Einnahme von mehr Tabletten macht es nicht schlimmer, aber eine geringere Menge ist nicht ratsam.

3. MARIHUANA UND DROGEN.

Das ist ein ziemlich offensichtlicher Punkt, wie mir scheint, aber trotzdem werde ich das Thema ein wenig behandeln.

In bestimmten Kreisen ist es üblich, alle Drogen in zwei Gruppen einzuteilen: „Gras" und alles andere. Viele Marihuana-Raucher, vor allem regelmäßige Raucher, sehen nichts Schlechtes an dieser Substanz, ganz im Gegenteil: Sie versuchen, die Massen darauf aufmerksam zu machen, dass Marihuana sicherer ist als Alkohol, Zigaretten und andere „harte" Drogen. Als ehemaliger Marihuana-Raucher kann ich Ihnen eines sagen: Das stimmt nur zum Teil.

Es stimmt, dass man von Marihuana fast nie einen Kater oder eine Überdosis bekommt. Im schlimmsten Fall, wenn man „zu viel" konsumiert, muss man sich übergeben und wird nach einer Weile ohnmächtig. Das ist tatsächlich keine Ohnmacht, aber ein starker und langer Schlaf. In der Regel gibt es morgens keine Kopfschmerzen, keine Mundtrockenheit, wie sie für Ethanol-Vergiftungen typisch ist, keinen steinernen Kopf und keinen Gedächtnisverlust. Aber ich habe die bittere Erfahrung gemacht, dass **eine Droge, die kurzfristig keine schädlichen Auswirkungen auf den Körper hat, langfristig unangenehme Folgen hat.** Mit anderen Worten: Es handelt sich um eine sehr langsame Verschlechterung der Gesundheit, die sehr unbemerkt beginnen kann.

Ich habe dieses Phänomen selbst erlebt, und es war sehr schwierig, wieder in Form zu kommen. Zusätzlich zu Marihuana hatte ich MDMA-Pillen, Amphetamin und Psilocybin-Pilze in meiner „Ernährung". Sie fanden nicht regelmäßig statt, sondern nur ein- oder (selten) zweimal im Monat, wenn ich mit meinen Freunden in einem Raum zusammenkam – eine typische Droge für eine Gruppe enger Freunde. Sie gelten gemeinhin als mild, weil es keine physiologische Abhängigkeit von ihnen gibt, keinen Entzug, wenn man nicht alle paar Tage/Wochen/Monate eine Dosis nimmt. Psychische Abhängigkeit ist jedoch keine Seltenheit, deshalb sind es ja auch Drogen.

Und selbst die gelegentliche Droge habe ich aufgegeben, als ich merkte, dass mein Gedächtnis und meine Konzentration rapide nachließen. Als Studentin war es einfach, Veränderungen in den kognitiven Funktionen des Gehirns zu bemerken: Irgendwann fiel es mir sehr schwer, neue Informationen aufzunehmen und vor allem Formeln und Konzepte, die ich bereits gelernt hatte, zu behalten.

Dies einige Wochen vor der Prüfungsphase zu erfahren, war eine sehr unangenehme Überraschung. Fazit: Für keine Droge gibt es eine Entschuldigung. Schon eine einzige Dosis hat Folgen. Und das Schlimmste ist, dass diese Folgen wie eine Zeitbombe wirken: Erst ist alles in Ordnung und dann wird das Gehirn dramatisch geschwächt – und es ist «gut», wenn es nur das Gehirn ist. Ich denke, wir können an diesem Punkt schließen und zum nächsten Punkt übergehen.

4. BEWEGUNG IST LEBEN.

Körperliche Bewegung ist die Lösung für viele Gesundheitsprobleme. Ein aktiver Lebensstil ist nicht nur für Ihre physische Gesundheit wichtig. Es beeinträchtigt Ihr emotionales und geistiges Wohlbefinden.

Regelmäßige Bewegung beschleunigt die Durchblutung des Gehirns um den Faktor 2, was sich positiv auf die Sauerstoffversorgung der Nervenzellen auswirkt. Dadurch wird der Prozess der Neuronenbildung auf biochemischer und funktioneller Ebene aktiviert. Neuronen sind der Hauptbestandteil der grauen Substanz, die für die Sinneswahrnehmung verantwortlich ist: Sehen, Hören, Emotionen und Gedächtnis. Ein 2- bis 3-maliges Training pro Woche steigert die Leistungsfähigkeit dieser Funktionen. Die Struktur des Gehirns verändert sich – durch aktiv arbeitende Neuronen wachsen neue Blutgefäße im Gehirn. Dies geschieht schnell, nach dem ersten Training.

Sport hilft bei der Bewältigung von Depressionen,

Stress und schlechter Laune. Üben Sie körperliche Aktivität mit Freude aus, ohne sich zu zwingen. Sportvitamine und -mineralien sind ebenfalls nützlich, da sie nicht nur die Leistungsfähigkeit beim Sport erhöhen, sondern auch die kognitiven Funktionen des Gehirns verbessern.

Arten von körperlicher Aktivität für das Gehirn
Sport und Gehirnfunktion sind eng miteinander verbunden. Körperliche Aktivität verbessert Gedächtnis und Leistung. Mit zunehmender Aktivität verbessert sich der Blutfluss in den inneren und äußeren Hirnarterien. Die innere Arterie versorgt das Gehirn mit Blut; die äußere Arterie versorgt die Schädelhäute, die Gesichtsmuskeln und die Zunge mit Blut.

Bewegungstypen, die sich positiv auf die Gehirnfunktion auswirken:

- Laufen
- Wandern
- Yoga
- Schwimmen
- Radfahren

Wenn das Ziel darin besteht, die intellektuellen Fähigkeiten und das assoziative Gedächtnis zu verbessern und ruhiger und besonnener zu werden, sollten Sie eine Kombination aus Aerobic- und Krafttraining in

Betracht ziehen. Krafttraining regt die Produktion von Wachstumshormonen in der Leber an, die die neuronale Aktivität beeinflussen und die exekutiven Funktionen des Gehirns verbessern. Durch die Kombination von Kraft- und Ausdauertraining wird das Risiko einer späteren Altersdemenz verringert. Fügen Sie 1–2 Krafttrainingseinheiten pro Woche hinzu.

Laufen und Wandern

Laufen und Wandern verbessern die Stimmung, helfen gegen Traurigkeit und sorgen für geistige Klarheit. Der Unterschied zwischen Gehen und Laufen ist minimal. Der Druck auf den Fuß ist beim Laufen stärker, aber auch beim Gehen entstehen Druckwellen im Körper, die die Durchblutung verbessern. Beim Radfahren entsteht, anders als beim Gehen, kein Druck auf den Fuß.

Yoga und Schwimmen

Schwimmen beruhigt, heilt Neurosen und reguliert die Erregungs- und Hemmungsprozesse des ZNS (Zentrales Nervensystem). Eines der besten Instrumente für die Entwicklung der geistigen Fähigkeiten von Kleinkindern.

Yoga verbessert die Gehirnstruktur, die für Entscheidungsfindung, Planung und Multitasking-Kontrolle zuständig ist. Es ist kein Aerobic-Training, hat aber alle Vorteile eines Cardio-Trainings.

5. ERNÄHRUNG.

Die Ernährung beeinflusst die Gehirnfunktion. Diese Tatsache ist bewiesen und dargelegt worden. Man muss nur zuhören und es in die Praxis umsetzen, um über Jahre hinweg geistige Klarheit zu bewahren.

Lisa Mosconi, promovierte Neurowissenschaftlerin, Nuklearmedizinerin und Alzheimer-Forscherin, hat das Buch *Brain Food: The Surprising Science of Eating for Cognitive Power* (Gehirnnahrung: Die überraschende Wissenschaft vom Essen für kognitive Leistungsfähigkeit) geschrieben, in dem sie die Auswirkungen der Ernährung auf die Gehirnfunktion, die Gesundheit und die Langlebigkeit erörtert. Viele interessante Daten und das Engagement der Autorin für das Thema bringen einen dazu, den Inhalt des eigenen Kühlschranks zu überdenken.

Die Lebenserwartung der Menschen ist in den letzten 200 Jahren deutlich gestiegen. Natürlich haben der Stand der Medizin, neue Medikamente und die allgemeine Verbesserung des Wohlbefindens ihren Teil dazu beigetragen. In den Ländern Europas und Nordamerikas haben sich die Menschen besser ernährt. Doch dieser unbestrittene Erfolg der Menschheit hat auch seine Schattenseiten. Schnell nahm die Qualität der Lebensmittel ab, und unter ihnen tauchten solche auf, die eher schädlich als nützlich sind. Ich werde

Ihnen sagen, wie Sie die optimale Ernährung für die Bedürfnisse Ihres eigenen Gehirns bestimmen können, um die kognitiven Fähigkeiten durch Nahrung zu steigern, basierend auf den Arbeiten von Mosconi.

Basisnahrungsmittel zur Verbesserung der Gehirnfunktion:

1. Wasser

Das Gehirn besteht zu fast 80 % aus Wasser. Das ist mehr als der Rest des Körpers. Um effektiv arbeiten zu können, benötigen die Gehirnzellen ein Gleichgewicht von Wasser und anderen Elementen – Mineralien und Salzen. „Diese Elektrolyte (Mineralien und Salze, die das Wasser binden, wie Chloride, Fluoride, Magnesium, Kalium und Natrium) gelangen mit jedem Schluck dieser heilenden Flüssigkeit in unser Gehirn.

Darüber hinaus ist Wasser für die Energieproduktion unerlässlich, da es Sauerstoff enthält, der für die Zellen zum Atmen und zur Verbrennung von Zucker (Energieproduktion) unerlässlich ist", schreibt Mosconi. Es ist erwiesen, dass ein Wasserrückgang von nur 3–4 % den Wasserhaushalt des Gehirns sofort beeinträchtigt und eine Reihe von Problemen wie Müdigkeit, geistiger Verwirrung, vermindertem Energieniveau, Gedächtnisstörungen, Kopfschmerzen und Stimmungsschwankungen verursacht.

Die Forscherin empfiehlt daher, darauf zu achten, wie viel Wasser man pro Tag trinkt. Die Norm hängt von der Menge der Bewegung oder dem Klima ab. Aber 8 Tassen, d. h. fast 2 Liter Wasser, sind die optimale Flüssigkeitsmenge für einen durchschnittlichen Stadtbewohner.

Wenn es Ihnen aus irgendeinem Grund schwerfällt, 2 Liter Wasser pro Tag zu trinken, denken Sie daran, dass wir bis zu 20 % unseres Flüssigkeitsbedarfs durch Obst, Beeren und Gemüse decken können. Unter den Gemüsesorten sind Gurke und Salat, die zu 96 % aus Wasser bestehen, die rekordverdächtigsten Gehirnnahrungsmittel. Zucchini, Radieschen und Sellerie verbessern die Gehirnfunktion, gefolgt von Tomaten, Auberginen, Brokkoli, Paprika und Spinat.

Von allen Beeren und Früchten enthält die Wassermelone am meisten Wasser (93 %), gefolgt von Erdbeeren, Grapefruit und Cantaloupe (eine Unterart der Melone). Verglichen mit der Banane erscheinen die 74 % eher bescheiden. Nimmt man noch die Vitamine, Mineralien und Antioxidantien hinzu, die in den oben genannten Lebensmitteln enthalten sind, ergibt sich ein klarer Vorteil.

2. Mehrfach ungesättigte Fettsäuren

11 % der Gehirnmasse sind Hirnfett – eine besondere Zusammensetzung und überhaupt nicht das, wofür wir

es halten. Bemerkenswert ist, dass die verschiedenen Fettarten vom Gehirn selbst produziert werden und nicht aus der Nahrung stammen. Nicht aber Omega-3 und Omega-6, die in Fisch, Eiern oder Nüssen enthalten sind. Mehrfach ungesättigte Fettsäuren befinden sich in den Membranen der Gehirnzellen. Es ist so konzipiert, dass es diese Fette durch einen speziellen Zugang in der Blut-Hirn-Schranke auffängt. Daher zirkulieren viele PUFAs ständig im Gehirn, sofern wir sie zu uns nehmen.

Diese Fettsäuren sind so essenziell, dass sie, sobald sie im Gehirn ankommen, sofort verwendet werden, vor allem, um große und komplexe Fette – Phospholipide und Sphingolipide – zu bilden. Omega-3- und Omega-6-Fettsäuren haben unterschiedliche Funktionen und sind daher für die Gehirnfunktion gleichwertig. Die besten Quellen für Omega-3 sind:

- Leinsamenöl
- Chiasamen
- getrocknete graue Erbsen
- schwarzer Kaviar und Lachsrogen
- Hering
- Makrele

Omega-6 kann gewonnen werden aus:

- Sonnenblumenöl
- Traubenkernöl

- Walnussöl
- Sesamöl
- Hühnerei-Dotter
- Avocado
- Hühnerfleisch

3. Eiweiß

Eiweiß ist der drittwichtigste Nährstoff für die Gesundheit des Gehirns. Proteine sind komplexe Moleküle, die einen Teil der Arbeit in unseren Zellen verrichten. Sie werden auch für die Struktur, Aktivität und Regulierung von Gehirnnetzwerken benötigt. Proteine bestehen aus kleineren Teilchen, den Aminosäuren, die in langen oder kurzen Ketten miteinander verbunden sind.

Die Anzahl und die Reihenfolge der Aminosäuren, aus denen Proteine bestehen, bestimmen die spezifische Form und die Eigenschaften der Proteine. Aminosäuren sind für alle Prozesse im Körper und im Gehirn unerlässlich, von der Gesunderhaltung des Gewebes über die Bildung von Hormonen bis hin zur Auslösung verschiedener chemischer Reaktionen. Aminosäuren sind an der Informationsübertragung beteiligt, sie sind Teil der Stoffe, die die Impulse auslösen, die uns jeden Morgen aufwachen lassen, uns konzentrieren lassen und so weiter.

Damit all diese kognitiven Funktionen nicht aus

dem Ruder laufen, braucht Ihr Gehirn täglich eine Portion Eiweiß. Ihr Gehirn wird dabei unterstützt, reibungslos zu funktionieren:

- Chiasamen
- Käse
- Garnelen
- Kichererbsen, rote Bohnen
- Vollmilch
- Pflaumen
- natürlicher Joghurt

4. Glukose

Die Hirnaktivität muss ständig mit elektrischen Impulsen „aufgetankt" werden. Neuronen verwenden sie zur Bildung von Neurotransmittern und zur Kommunikation untereinander. Dieser Prozess erfordert viel Energie, die aus Glukose gewonnen wird. Wir bekommen es über die Nahrung. „In Bezug auf die neuronale Ernährung sind Kohlenhydrate wie Glukose definitiv nicht unser Feind, denn sie sind für die ordnungsgemäße Funktion des Gehirns und die kognitive Aktivität unerlässlich.

Das menschliche Gehirn ist so abhängig von Glukose, dass es sogar einen Mechanismus zur Umwandlung anderer Zucker in Glukose entwickelt hat. Fruktose beispielsweise, der Zucker, der in den meisten Früchten und im Honig enthalten ist, und Laktose

(Milchzucker) aus Milch und Milchprodukten können sich in Glukose verwandeln, wenn sie dem Körper fehlen", sagt die Autorin.

Aber wenn es um Glukose geht, bedeutet das nicht, dass es Zeit ist, in den Laden zu rennen und Kuchen zu kaufen. Unsere Gehirne sind sehr schlau und horten. Wenn es genau die richtige Menge an Glukose erhält, schließt es die Tore, und die Glukose „lagert" sich dann in anderen Teilen des Körpers ab, worüber wir oft nicht glücklich sind. Die besten natürlichen Glukosequellen sind:

- Frühlingszwiebeln
- Steckrübe
- Aprikosen
- Kiwi
- Weintrauben
- Rüben
- Honig

Außerdem:
- Nehmen Sie Omega-3-mehrfach ungesättigte Fettsäuren in Ihre Ernährung auf. Vermeiden Sie gesättigte, trans- und hydrierte Fette, da sie Ihre geistige Klarheit beeinträchtigen.
- Nehmen Sie Vitamine und Mineralstoffe wie Vitamin C, Vitamin E, Vitamin B, Magnesium und Zink zu

sich. Sie spielen eine Schlüsselrolle bei der Energieproduktion, dem Zellschutz und der allgemeinen Gesundheit der Organe. Sie sind am Nerven- und Immunsystem beteiligt.

● Einige Aminosäuren, wie Taurin und Tyrosin, spielen eine wichtige Rolle bei der Übertragung von Ner-
venimpulsen. Sie können bei Stress, Müdigkeit, Schlafmangel, Erschöpfung oder einer suboptimalen Ernährung extrem schnell verbraucht werden.

● Versuchen Sie es mit Kräuterextrakten und -aufgüs-
sen wie Bacopa, Rhodiola rosea, Ginkgo-biloba-Blat-
textrakt und Serpentine barana. Sie werden das Nervensystem wiederherstellen und den Körper vor Neu-
rodegeneration schützen. Sie helfen Ihnen, sich intelli-
genter zu fühlen, indem sie den Neurotransmissions-
prozess optimieren.

6. KLARHEIT IM KOPF DURCH MEDITATION.

Obwohl Stress eine völlig natürliche Reaktion auf
Reize ist, kann chronischer Stress zu einem sich selbst
aufrechterhaltenden Zustand werden, der als Angststörung bezeichnet wird.

Die Entwicklung von chronischem Stress zu einer
Angststörung und deren Dauer wird beeinflusst durch:

Umwelt, Lebensstil, Fähigkeiten, Überzeugungen, Gewohnheiten (einschließlich des Denkens) und die Mentalität im Allgemeinen. Stress ist etwas Natürliches und ein gesunder Mensch braucht ihn nicht zu erkennen. Viele Menschen merken deshalb gar nicht, wie aus gelegentlichem Stress chronischer Stress und dann eine Angststörung wird, sie unternehmen deshalb nichts dagegen und suchen keine Hilfe. Nach Schätzungen von Medizinern ist die Zahl der Menschen, die an einer Angststörung leiden und noch nie einen Arzt aufgesucht haben, deutlich höher als die Zahl derer, die mit diesem Problem zum Arzt gehen. Im Kampf gegen übermäßigen Stress ist das Wissen das Wichtigste.

Für manche Menschen ist dieses Thema jedoch ein „Joker" und überhaupt nicht wichtig. Dennoch ist Stress die Ursache für viele Krankheiten, darunter Herzkrankheiten, funktionelle Magen-Darm-Erkrankungen, Atemwegserkrankungen und chronische Immunschwäche. Darüber hinaus kann lang anhaltender und/oder intensiver Stress neurotische Störungen wie Depressionen, Schlafstörungen, Panikstörungen, soziale Angststörungen, Zwangsstörungen, Phobien und posttraumatische Belastungsstörungen verursachen und/oder katalysieren. In diesem Kapitel werden wir dem Stress also einen doppelten Schlag versetzen.

Wir beginnen mit der physischen Spannung. Tatsache ist, dass unsere Emotionen, Gedanken, Impulse und Muskeln sehr eng miteinander verbunden sind. Der Impuls, „aufzustehen", kann zum Beispiel eine Spannung in den Beinen und einen weiteren Gedankenprozess auslösen, zum Beispiel „werde ich die Zuschauer hinter mir stören, wenn ich aufstehe", wenn es sich um ein Kino handelt, was wiederum das Gefühl von „Schuld" oder Angst auslösen kann. Gute Erinnerungen (Gedanken) können die Emotion der Freude auslösen, die den Impuls erzeugt, diese Gefühle und die Spannung im Körper zurückzubringen (was Ihnen helfen sollte, Ihre Wünsche zu verwirklichen, d. h. sie in die Tat umzusetzen).

Nur wenige Menschen wissen, dass der stärkste Schlag gegen einen Zustand von Stress oder Angst durch Körperarbeit erfolgt. Dies hat die schnellste Wirkung und ermöglicht es Ihnen, die psychologischen Aspekte und Ursachen von Stress viel effektiver und einfacher zu bearbeiten. Heute biete ich einen zweiteiligen Komplex an, der Ihren Körper in einen Zustand des Glücks und der totalen Entspannung versetzt.

Entlastung der Oberflächenspannung

Der erste Schritt ist die progressive Muskelentspannung nach Jacobson (Jacobson). Sie sollten Ihren Arzt konsultieren, bevor Sie diese Technik anwenden, und Sie können auch bestimmte Muskelgruppen auslassen, wenn Sie Schmerzen haben, oder diesen Schritt ganz auslassen.

Die Methode besteht darin, abwechselnd oder gleichzeitig Muskelgruppen im Körper anzuspannen und sich mit Entspannung abzuwechseln. Es gibt viele Varianten dieser Methode, finden Sie auf YouTube oder Google eine, die Ihnen zusagt. Ich empfehle Ihnen nur, jede Muskelgruppe nach jeder Sitzung in umgekehrter Reihenfolge zu „scannen", ein paar Sekunden lang innezuhalten und die Entspannung zu spüren, um die Wirkung zu verstärken.

Diese Methode löst übermäßige Verspannungen, ist aber nicht in der Lage, Sie in einen Zustand tiefer Entspannung zu versetzen und die glatte Muskulatur zu beeinflussen (die wir nicht bewusst kontrollieren).

Tiefe Entspannung

Die zweite Technik zum Stressabbau sind daher Tiefenentspannungstechniken. Etwas später werde ich Ihnen sagen, dass es überhaupt nicht notwendig ist, solche Methoden in diesem Komplex zu verwenden, aber ich werde eine Übersetzung der kreativen Visualisierungsmeditationstechnik geben, die sich für mich als sehr effektiv erwiesen hat: Suchen Sie sich einen ruhigen Ort und bitten Sie gegebenenfalls darum, nicht gestört zu werden, bis Sie fertig sind, stellen Sie Ihr Telefon auf lautlos. Machen Sie es sich bequem, achten Sie darauf, dass Sie nicht gestört werden, lockern Sie gegebenenfalls enge Kleidung.

Sie können sich auf ein Bett, einen Stuhl, den Boden oder sogar in ein Auto setzen oder legen – wo immer Sie sich wohlfühlen. Das Ziel dieser Meditation ist es, Körper und Geist vollständig zu entspannen und dabei wach zu bleiben.

Wenn Sie feststellen, dass Sie bei dieser Meditation im Liegen einschlafen, ist es sinnvoll, sie im Sitzen durchzuführen, es sei denn, Sie wollen damit einschlafen.

Machen Sie es sich bequem: Sie werden 20–30 Minuten in dieser Position verbringen müssen. Schließen Sie nun die Augen und atmen Sie einige Male langsam, tief und entspannt ein und aus, wobei Sie versuchen, Ihren ganzen Körper zu entspannen.

Atmen Sie tief weiter und visualisieren Sie die Zahl 1. Die Visualisierung eines neutralen Objekts ermöglicht es Ihrem Geist, sich auf etwas zu konzentrieren, das Ihren Körper und Geist nicht stimuliert. Fahren Sie mit der Visualisierung (Vorstellung) der Zahl 1 fort und atmen Sie dabei etwa eine Minute lang tief.

Visualisieren Sie die Zahl 2 etwa eine Minute lang und lassen Sie Ihren Atem allmählich natürlicher werden. Wenn Sie sich entspannen, werden Sie feststellen, dass Ihre Atmung unbewusster wird und quasi automatisch erfolgt.

Visualisieren Sie die Zahl 3 und lassen Sie dabei

Ihren Atem immer natürlicher werden, etwa eine Minute lang.

Visualisieren Sie die Zahl 4 und erlauben Sie Ihrem Atem, immer natürlicher zu werden, etwa eine Minute lang.

Visualisieren Sie die Zahl 5 für etwa eine Minute.

Visualisieren Sie die Zahl 6 für etwa eine Minute.

Visualisieren Sie die Zahl 7 für etwa eine Minute.

Lassen Sie Ihren Atem so natürlich wie möglich fließen. Wenn Sie immer noch das Gefühl haben, dass Ihr Körper und Ihr Geist aktiv und angespannt sind, können Sie weiter tief atmen, bis Sie sich ruhiger fühlen.

Während Sie diese Technik erlernen, werden Sie vielleicht Schwierigkeiten haben, Ihren Körper und Ihren Geist zu beruhigen, aber das ist nicht schlimm. Daher müssen Sie anfangs vielleicht länger tief atmen. Mit etwas Übung, wenn sich Ihr Körper entspannt, wird Ihre Atmung jedoch leichter und automatischer werden.

Sie werden wahrscheinlich einen inneren Dialog beobachten, während Sie meditieren. Das ist normal und hängt damit zusammen, dass die elektrische Aktivität des Gehirns zunimmt, wenn man gestresst und nervös ist. Wenn Ihre Gedanken kommen und gehen, versuchen Sie nicht, sie loszuwerden oder sie zum Schweigen zu bringen. Lassen Sie sie einfach entstehen und legen Sie sie dann für später beiseite. Entspannen Sie Ihren Körper so weit wie möglich. Eine Möglichkeit, dies zu tun, besteht darin, zu spüren, wie er schwerer und weicher wird. Entspannen Sie Ihre Muskeln mit jedem Ausatmen. Wenn Ihr Geist noch aktiv ist, können Sie versuchen, sich eine angenehme Landschaft vorzustellen, sich an eine angenehme oder entspannende Erinnerung zu erinnern, z. B. an einen ruhigen Strand, an einen schönen See oder Fluss.

Bleiben Sie in diesem entspannten Zustand für etwa 5 Minuten. Erlauben Sie sich, während dieser Zeit so entspannt und ruhig wie möglich zu sein. Danach visualisieren Sie etwa eine Minute lang die Zahl 7. Dann Zahl 6 für etwa eine Minute, und so weiter bis 1.

Wenn Sie die Meditation beendet haben, bewegen Sie langsam Ihre Finger und andere Teile Ihres Körpers. Stehen Sie nicht ruckartig auf. Wenn Sie bisher im Liegen meditiert haben, empfehle ich Ihnen, noch eine Weile auf der Seite zu liegen. Öffnen Sie langsam Ihre Augen und bewegen Sie sich weiter. Beim Aufstehen können Sie sich leicht schwindelig fühlen. Machen Sie sich keine Sorgen: Ihr Körper wird nach der Ruhephase einige Zeit brauchen, um sich wieder zu normalisieren.

Während ein gesunder Mensch diesen Komplex bei einer einmaligen Stresssituation als nützlich empfinden kann, ist er für eine chronisch gestresste oder ängstliche Person nur dann von Nutzen, wenn Sie ihn regelmäßig praktizieren, da er eine kumulative Wirkung hat. Ich empfehle, dies zweimal am Tag zu tun. Am sinnvollsten ist es am Nachmittag und am Abend einige Stunden vor dem Schlafengehen.

Was nun, wenn es bei mir nicht funktioniert?

Diese beiden Praktiken haben zusammen eine sehr starke Wirkung, aber sie müssen nicht zwangsläufig angewendet werden. Anstelle der progressiven Muskelentspannung können Sie auch ein 7-minütiges Ganzkörpertraining oder ein kurzes Yogaprogramm anwenden, das die Oberflächenspannung aus Ihnen herausholt. Danach, im zweiten Schritt, können Sie eine beliebige Tiefenentspannungstechnik anwenden. Das kann autogenes Training, Yoga Nidra oder eine einfache Body-Scan-Meditation sein.

7. EIN DRITTEL DES LEBENS.

Machen Sie sich bereit. Dies ist der längste Absatz in diesem Kapitel, aber nach meiner Meinung ist es das Wichtigste, deshalb habe ich beschlossen, alle Einzelheiten des Prozesses darzulegen. Wir gehen auf die grundlegenden Konzepte ein und am Ende dieses Abschnitts werden Sie praktische Tipps kennen, wie Sie Ihren Schlaf zum Besseren verändern können.

Der Schlaf nimmt also ein Drittel unseres Lebens

in Anspruch. Wenn Sie 90 Jahre alt werden, werden Sie 30 Jahre lang schlafen. Das ist eine ganze Menge, nicht wahr? Dieser Zustand wurde von vielen Wissenschaftlern in der ganzen Welt erforscht (Neurowissenschaftler, Psychologen, Anthropologen, Soziologen).

Was ist Schlafen?

Schlaf ist ein besonderer Bewusstseinszustand und ein natürlicher physiologischer Prozess, der durch eine reduzierte Reaktion auf die Umwelt und eine spezifische Gehirnaktivität gekennzeichnet ist.

Die Struktur des menschlichen Schlafs umfasst zwei Phasen: den Langsamschlaf (Non-REM) und den Schnellschlaf (REM oder REM – „rapid eye movement").

Langsamer Schlaf

Er tritt unmittelbar nach dem Einschlafen auf. Sie besteht aus vier Phasen. Die Gesamtdauer der Non-REM-Phase beträgt etwa 90 Minuten. Die Atmung ist ruhig und gleichmäßig, der Blutdruck wird gesenkt, die Augen machen zunächst langsame Bewegungen und bleiben dann ruhig, das Gehirn ist inaktiv und der Körper entspannt. Sie ruhen sich aus, um Ihre körperlichen Kräfte wiederzuerlangen.

Schneller Schlaf

Es folgt ein langsamer Schlaf, der 10 bis 20 Minuten andauert. Temperatur und Blutdruck steigen und das Herz schlägt häufiger. Der Körper ist unbeweglich, mit Ausnahme der Muskeln, die für den Herzschlag und die Atmung zuständig sind. Unter den geschlossenen Augenlidern machen die Augäpfel schnelle Bewegungen. Das Gehirn arbeitet aktiv. Sie träumen.

Die Non-REM- und REM-Phasen wechseln sich ab. Zuerst geht man in einen langsamen Traum und durchläuft alle Phasen. Dies dauert etwa 90 Minuten. Dann folgt die REM-Schlafphase. Das erste Mal ist es kurz, nicht länger als 5 Minuten. Dieser Kreislauf wird als Schlafzyklus bezeichnet. Die Zyklen wiederholen sich. Der Anteil des langsamen Schlafs nimmt ab und die Dauer des schnellen Schlafs nimmt zu (bis zu 1 Stunde). Ein gesunder Mensch durchläuft normalerweise fünf Schlafzyklen auf einmal.

Die Bedeutung des Schlafes

Eine gute Nachtruhe ist für die Gesundheit unerlässlich. Während des Schlafs werden wichtige Hormone produziert, das Gewebe regeneriert und die körperlichen Kräfte aufgefrischt. Auch das Gehirn ist nicht untätig: Einige Bereiche sind sogar aktiver als im Wachzustand.

Ist Ihnen schon einmal aufgefallen, dass Ihnen

manche Aufgaben zu kompliziert erscheinen, wenn Sie schlafen wollen, aber sobald Sie genug Schlaf bekommen, kommt die Lösung von selbst? Tatsache ist, dass während des Schlafs eine selektive Löschung des Gedächtnisses stattfindet. Das Gehirn analysiert die im Laufe des Tages erhaltenen Informationen: Unnötige Informationen werden in den „Papierkorb" geschickt und die wichtigen des Kurzzeitgedächtnisses werden langfristig „archiviert". So werden unsere Erinnerungen geformt. Wahrnehmung, Konzentration und Lernfähigkeit verbessern sich.

Schlafmangel beeinträchtigt die Funktion bestimmter Teile des Gehirns. So kommt es beispielsweise zu einer Hemmung der neuronalen Prozesse im Scheitellappen, was zu Problemen mit der Reaktionsgeschwindigkeit führen kann. Wenn der präfrontale Kortex verlangsamt ist, fällt es schwer, Gedanken zu formulieren, und es kann zu Problemen mit dem Sehen kommen. Die Ermüdung des Gehirns hat eine ganze Reihe von negativen Folgen.

Die Folgen von Schlafmangel

● Verschlechterung der kognitiven Funktionen (Gedächtnis, Aufmerksamkeit, Denken), Koordination, Sprache, Orientierung, Kontrolle und andere. Dies führt häufig zu Unfällen am Arbeitsplatz und im Straßenverkehr. Laut Statistik wird jeder fünfte Unfall

durch einen Fahrer verursacht, der am Steuer ein-
schläft.

● Verwundbarkeit durch Immunität. Studien zeigen,
dass Schlafmangel das Risiko, krank zu werden, um das
Dreifache erhöht. Während des Schlafs synthetisiert
das Immunsystem Zytokin-Proteine. Je mehr Infektio-
nen es gibt, desto mehr von ihnen werden benötigt.
Aber wenn man nicht genug Schlaf bekommt, hat man
keine Zeit, Zytokine zu produzieren. Es heißt nicht
umsonst, dass Schlaf heilt.

● Überernährung und Übergewicht. Schlafmangel regt
die Produktion von Ghrelin, dem Hungerhormon, an.
Das hat zur Folge, dass Sie zu viel essen. Das müde Gehirn verlangt nach mehr und schmackhafterer Nahrung.

● Geringere Produktivität. Wenn man schlafen will,
macht man alles langsam und schlecht. Was normalerweise eine Stunde dauert, kann zwei, drei oder mehr
Stunden in Anspruch nehmen. Und es gibt keine Ga-
rantie, dass Sie es nicht noch einmal machen müssen.
Die Effizienz der durch den Schlaf gestohlenen Zeit
tendiert gegen null.

● Nachlassen der Motivation. Ständiger Schlafmangel
zerstört die Motivation wie Grundwasser das Funda-
ment. Mit jedem Tag schwindet die Lust, sich auf die
eigenen Ziele zu konzentrieren.

● Schlechte Gewohnheiten und schlechte Laune.

Schlafmangel ist ein ernsthaftes Hindernis für die Entwicklung guter Gewohnheiten. Er ist jedoch ein hervorragender Katalysator für schlechte Angewohnheiten: Wenn man nicht genug Schlaf bekommt, sucht man nach externen Stimulanzien (Nikotin, Koffein usw.). Ein Mensch mit Schlafmangel ist reizbar und verärgert über die Welt.

• Schlechtes Aussehen. Schlafmangel macht sich im wahrsten Sinne des Wortes in Form von blauen Flecken und Tränensäcken im Gesicht bemerkbar. Längerer Schlafmangel führt zu einer vorzeitigen Hautalterung.

Erschwerend kommt hinzu, dass die Betroffenen den Rückgang ihrer geistigen und körperlichen Fähigkeiten oft nicht erkennen oder nicht wahrhaben wollen: „Schlaf ist etwas für Weicheier! Mir geht es gut!"

Langfristiger Schlafmangel kann ernsthafte Gesundheitsprobleme verursachen: das Risiko von Herz- und Gefäßerkrankungen und Diabetes. Es gibt jedoch auch Menschen, die Schlaf als Zeitverschwendung betrachten und ihn bewusst auf ein Minimum reduzieren.

Polyphasischer Schlaf

Zeit ist die kostbarste und leider auch unersetzlichste Ressource. Sie mit Schlaf zu verschwenden, ist ein Verbrechen. Dies ist die Philosophie der Befürworter des polyphasischen Schlafs.

Der polyphasische Schlaf ist ein Schlafmuster, bei dem die Schlafzeit in mehrere kurze Perioden unterteilt ist, anstatt einmal pro Nacht eine lange Ruhephase einzulegen. Die Gesamtschlafdauer wird erheblich verkürzt, während die Wachzeit auf 20–22 Stunden erhöht wird. Die Grundformen des polyphasischen Schlafs:

- Dymaxion – viermal 30 Minuten alle 6 Stunden. Insgesamt – 2 Stunden.
- Uberman – sechsmal 20 Minuten alle 4 Stunden. Insgesamt – 2 Stunden.
- Jedermann – 1,5 bis 3 Stunden in der Nacht und dreimal 20 Minuten am Tag. Insgesamt – 2,5–4 Stunden.
- Tesla – 2 Stunden in der Nacht und 20 Minuten am Tag. Insgesamt – 2 Stunden und 20 Minuten.

Die Schlafdauer wird durch das Überspringen von Non-REM-Phasen verkürzt. Befürwortern des polyphasischen Schlafmusters zufolge findet die Hauptenergieladung während des REM-Schlafs statt, d. h. Sie sollten direkt in den REM-Schlaf eintauchen, ohne Zeit mit dem langsamen Schlaf zu verlieren.

Das erfordert natürlich Übung. Wenn Sie nicht wissen, wie Sie schnell einschlafen können, und tagsüber nicht gern schlafen, wird es schwierig sein, aber allmählich wird sich Ihr Körper daran gewöhnen und

Ihr Gehirn wird sich darauf einstellen. Der polyphasische Schlaf wurde von vielen berühmten Persönlichkeiten praktiziert: Leonardo da Vinci, Salvador Dalí, Nikola Tesla und Bucky Fuller. Zu unseren Zeitgenossen gehören Yahoo-Präsidentin Marissa Mayer, der Geschäftsmann und Milliardär Donald Trump, der Basketballspieler Kobe Bryant und andere. Die Anhänger des polyphasischen Schlafs behaupten, dass sie sich großartig fühlen: Sie bekommen nicht nur genügend Schlaf, sondern sind auch voller körperlicher und kreativer Energie.

Es gibt jedoch auch Kritiker des polyphasischen Schlafs, die behaupten, dass dieser Schlaf früher oder später zu Herz-Kreislauf-Problemen führen wird. Die Gegner des polyphasischen Schlafs sind der Meinung, dass man seinen Körper nicht zwingen, sondern auf seine biologische Uhr hören sollte.

Schlaf und zirkadiane Rhythmen

In der Antike lebten die Menschen nach den Gesetzen der Natur – alles hing von den wechselnden Tageszeiten ab. Es gab nur zwei „Lichter": die Sonne am Tag und den Mond in der Nacht. Diese prägten den zirkadianen Rhythmus des Menschen.

Zirkadiane Rhythmen

Dies ist die innere Uhr des Körpers, die die Intensität

verschiedener biologischer Prozesse (Thermoregulation, Verdauung, Hormonproduktion usw.) bestimmt. Die zirkadiane Periodizität von Schlaf und Wachsein hängt vom Licht ab. Die visuellen Rezeptoren reagieren auf die Lichtverhältnisse und senden Signale an den suprachiasmatischen Kern des Gehirns. Dadurch wird die Produktion von zwei wichtigen Hormonen ausgelöst, die für Schlaf und Wachsein verantwortlich sind: Melatonin und Cortisol.

Melatonin ist ein Schlafhormon. Es wird in der Zirbeldrüse produziert, wenn es dunkel wird. Es senkt den Blutdruck und die Temperatur, beruhigt den Körper und gibt ihm den Befehl „Es ist Zeit zu schlafen!" Am Morgen stoppt die Melatoninsynthese. Je mehr Licht, desto mehr Cortisol wird in den Blutkreislauf abgegeben. Dieses Hormon weckt uns auf, gibt uns Schwung und Energie für den neuen Tag.

Er bestimmt den zirkadianen 24-Stunden-Rhythmus von Schlaf und Wachsein: Wenn es dunkel wird, gibt uns Melatonin die Möglichkeit, zur Ruhe zu kommen, und wenn die Sonne aufgeht, weckt uns Cortisol. Aber wie lange müssen wir schlafen, um gesund und positiv zu sein? So sind beispielsweise die Nächte im Sommer kürzer als im Winter, und das künstliche Licht ermöglicht es uns, uns an den Zeitplan der Natur anzupassen.

Wie viel Schlaf braucht man?

Die große Mehrheit der Studien hat bewiesen, dass ein gesunder Erwachsener 8 Stunden Schlaf benötigt. Dies ergibt sich aus der Natur des Schlafes selbst. Erinnern Sie sich daran, dass wir unter normalen Bedingungen fünf Schlafzyklen von jeweils etwa 100 Minuten durchlaufen: Wenn man 100 mit 5 multipliziert und durch 60 teilt, ergibt das etwa 8 Stunden. Die Dauer des Schlafs hängt vom Alter ab. Je jünger ein Mensch ist, desto mehr Schlaf braucht er. Die National Sleep Foundation, eine amerikanische Non-Profit-Organisation mit 25 Jahren Erfahrung in diesem Bereich, gibt folgende Ratschläge:

- 0 bis 3 Monate alt – 14–17 Stunden;
- 4 bis 11 Monate alt – 12–15 Stunden;
- 1 bis 2 Jahre alt – 11–14 Stunden;
- 3 bis 5 Jahre alt – 10 bis 13 Stunden;
- 6 bis 15 Jahre alt – 9 bis 11 Stunden;
- 14 bis 17 Jahre alt – 8 bis 10 Stunden;
- 18 bis 64 Jahre alt – 7 bis 9 Stunden;
- 65 und mehr – 7–8 Stunden.

Die Schlafdauer hat einen direkten Einfluss auf die körperliche und geistige Aktivität. Ist es möglich, der Beste in dem zu werden, was man tut, indem man so viel schläft, wie es prominente Wissenschaftler, Schriftsteller und Politiker getan haben? Auf diese

Frage gibt es keine eindeutige Antwort.

Einstein und Schopenhauer schliefen 10–12 Stunden pro Nacht. Honoré de Balzac, Leo Tolstoi und Charles Darwin schliefen jeweils 8 Stunden. Sigmund Freud und Vladimir Nabokov schliefen sechs Stunden pro Nacht. Mozart und Margaret Thatcher ruhten etwas weniger (jeweils 5 Stunden), Napoleon Bonaparte und Voltaire (jeweils 4 Stunden). Thomas Edison und Nikola Tesla, die den polyphasischen Schlaf praktizierten, waren die Rekordhalter in Sachen Wachsein. Es gibt kein Universalrezept. Die Schlafdauer ist wie die Schuhgröße. Acht Stunden sind für die meisten Menschen gut, aber für manche ist es zu wenig und für andere zu viel. Sie können experimentieren, um herauszufinden, wie viel Schlaf Sie brauchen.

Der Test „Schlafen Sie genug?"
Beantworten Sie drei Fragen:
- Brauchen Sie einen Wecker, um aufzuwachen?
- Trinken Sie Kaffee oder Energydrinks, um tagsüber wach zu bleiben?
- Schlafen Sie innerhalb der ersten fünf Minuten ein?
Eine positive Antwort auf die ersten beiden Fragen und eine negative Antwort auf die letzte Frage deuten darauf hin, dass Sie Ihre Schlafdauer verlängern müssen.

Lerchen vs. Eulen

Die zirkadianen Rhythmen beeinflussen auch die psychische Verfassung des Menschen. Je nach den Spitzen der geistigen Aktivität werden die Menschen in zwei Chronotypen eingeteilt: Morgenmenschen (Lerchen) und Abendmenschen (Eulen).

Lerchen

Sie stehen früh auf und gehen früh ins Bett. Aufwachen um 5–8 Uhr morgens. Spätestens um 22 Uhr wird das Licht gelöscht. Am produktivsten und effizientesten sind sie vor dem Mittag. Am Nachmittag sind sie nicht in der Lage, Aufgaben effizient zu lösen. Am Abend sind sie völlig erschöpft.

Eulen

Sie stehen spät auf und gehen spät ins Bett. Aufwachen um 9 Uhr und später. Die Schlafenszeit ist normalerweise nach Mitternacht. Die Produktivität erreicht ihren Höhepunkt am Nachmittag und Abend. Frühes Aufwachen ist störend. Diese Klassifizierung wurde in den 1970er-Jahren im Westen erfunden. Seitdem geht die Debatte weiter: Sind Feldlerchen besser als Eulen?

Lerchen werden mit harter Arbeit und Erfolg in Verbindung gebracht. Wer früh aufsteht ... die Welt ist für Frühaufsteher gemacht. Behörden, Kliniken, Geschäfte, Organisationen – wenn Sie überall pünktlich sein wollen, stehen Sie früh auf. Doch wissenschaftlichen Studien und Beispielen aus dem Leben zufolge sind Eulen nicht weniger effizient und erfolgreich.

Ein Börsenhändler oder ein IT-Freiberufler zum Beispiel schert sich nicht so sehr um die üblichen Arbeitszeiten: Sie haben ihre eigenen. Manchmal ist die Debatte lächerlich: Eulen sollen geselliger und romantischer sein, während Lerchen verantwortungsbewusster und freundlicher sind. Diese subjektiven Eigenschaften hängen nämlich nicht vom Chronotyp ab, sondern vom Charakter des Einzelnen. Darüber hinaus gibt es Schlafmuster, die sich nur schwer als Lerchen oder Eulen einordnen lassen.

Biphasischer Schlaf

Die Theorie des biphasischen oder segmentierten Schlafs wurde von Roger Ekirch entwickelt, einem Historiker und Dozenten am Virginia Polytechnic Institute. Das Ergebnis von 16 Jahren Forschung ist sein Buch *When Day Ends: Sleep in Ages Gone By*. Ekirch studierte Hunderte historischer Dokumente und kam zu folgendem Schluss:

Bis zum 19. Jahrhundert, als künstliches Licht in die Häuser kam, verbrachten die Menschen bis zu 14 Stunden am Tag im Dunkeln. Die Winterabende waren besonders lang und ermüdend. Ein Schutzmechanismus war der sogenannte biphasische Schlaf.

Die Menschen gingen fast sofort nach Sonnenuntergang zu Bett. Sie schliefen etwa vier Stunden, wachten dann auf und blieben noch ein paar Stunden wach. Was haben sie getan? Unterschiedliche Dinge: Die Aristokraten und Intellektuellen, die sich Kerzen leisten konnten, lasen oder beteten. Im fünfzehnten Jahrhundert gab es sogar spezielle Gebete für die Nachtwache. Häufiger jedoch haben sie etwas geschaffen, weil sie so etwas wie eine Erleuchtung hatten. Die einfacheren und ärmeren Menschen, die Arbeiter und Bauern, gaben sich den fleischlichen Genüssen hin. Ekirch erklärt damit die hohe Geburtenrate in diesen sozialen Gruppen. Nach der Mitternachtsaktivität gingen sie zurück ins Bett und schliefen, bis der erste Hahn krähte.

Moderne Experimente haben gezeigt, dass biphasischer Schlaf tatsächlich die Kreativität steigern kann. Tatsache ist, dass Menschen unmittelbar nach dem REM-Schlaf aufwachen, wenn die elektrische Aktivität des Gehirns dem Wachzustand ähnlich ist. Ihr Gedächtnis ist von überflüssigen Informationen befreit, Ihr Geist ist hellwach, Ihre Aufmerksamkeit ist klar und Sie sind voller kreativer Energie. Der biphasische Schlaf wird von einigen Stämmen seit der Antike praktiziert und wird in der Popkultur immer beliebter. Dies ist ein weiteres Argument für die Behauptung, dass wir unseren eigenen Chronotyp ändern können.

Dies ist ein weiteres Argument für die Behauptung, dass wir unseren eigenen Chronotyp ändern können. Aus einer Eule kann eine Lerche werden und umgekehrt.

Wie wacht man früh auf?

Aufstehen um 5 Uhr morgens! Können Sie sich vorstellen, wie schwer es wäre, den Kopf aus dem Kissen zu heben, und wie schlimm es tagsüber sein würde? Dies ist jedoch nur dann der Fall, wenn der Schlafrhythmus gestört ist. Früh aufzustehen, bedeutet nicht, weniger zu schlafen. Frühes Aufstehen bedeutet, sich an eine Routine zu halten. Wenn Sie zum Beispiel um 6:00 Uhr aufstehen sollen, sollten Sie spätestens um 22:00 Uhr ins Bett gehen.

Warum wollen Sie früh aufstehen? Finden Sie Ihre Motivation. Das Wort ,müssen' funktioniert nicht. Wenn Sie sich einfach nur zwingen, wird Ihr Regime unweigerlich gestört. Vielleicht träumen Sie davon, Gewicht zu verlieren und Ihre Gesundheit zu verbessern? Gehen Sie morgens joggen oder melden Sie sich im Schwimmbad an. Viele von ihnen öffnen früh, damit die Menschen vor der Arbeit schwimmen können. Nicht genug Zeit für die eigene Entwicklung? Die frühen Morgenstunden sind dafür ideal. Alle schlafen noch, niemand wird Sie daran hindern, einen Beitrag in Ihrem Blog zu schreiben, Ihr Lieblingsbuch zu lesen, zu malen oder, sagen wir, ein längeres Bad zu nehmen.

Richtige Morgenrituale

- 1. Minute: Öffnen Sie die Augen, denken Sie an die Menschen, die Sie lieben, und lächeln Sie.
- 2. Minute: Atmen Sie ein paar Mal tief durch, um Ihren Körper mit Sauerstoff zu versorgen, dehnen Sie sich sanft.
- 3. Minute: Massieren Sie leicht den Hinterkopf, die Schläfen, die Augenbrauen und die Ohrläppchen und reiben Sie eine Handfläche gegen die andere, um die Blutzirkulation zu verbessern.
- 4. Minute: Setzen Sie sich langsam hin und trinken Sie das Glas Wasser, das Sie gestern Abend aufgespart haben – das hilft, den Wasserhaushalt wiederherzustellen und den Stoffwechsel anzukurbeln.
- 5. Minute: Stehen Sie auf, öffnen Sie die Vorhänge und sagen Sie zu sich selbst: „Guten Morgen!", während Sie den Raum mit Licht füllen.

Duschen Sie jetzt, treiben Sie Sport, meditieren Sie und frühstücken Sie. In beliebiger Reihenfolge. Körperliche Aktivität und eine kontrastreiche Dusche steigern Ihren Adrenalinspiegel, ein nahrhaftes Frühstück bringt Ihren Stoffwechsel endlich in Schwung und Meditation hilft Ihnen, sich auf den neuen Tag einzustimmen. Noch ein paar gute Tipps für einen wirklich guten

Morgen:

Erfüllen Sie Ihren Morgen mit leuchtenden Farben und belebenden Düften. Essen Sie zum Beispiel Haferflocken von einem orangen Teller und hängen Sie Zitruspomander im Haus auf. Erledigen Sie alles am Abend: Wäsche bügeln, eine Lunchbox zusammenstellen, einen Plan machen und so weiter. Oft möchte man gar nicht aufstehen, weil man weiß, wie viele lästige Aufgaben am Morgen anfallen.

Schalten Sie das Radio und den Fernseher nicht ein. Nachrichten und Werbespots verderben nur die Stimmung. Bereiten Sie sich stattdessen zu Ihren energiegeladenen Lieblingsliedern auf die Arbeit vor.

Wenn Sie erst einmal die richtigen morgendlichen Rituale entwickelt haben, werden Sie bald feststellen, dass das Aufwachen mit den ersten Sonnenstrahlen Sie in eine kreative Stimmung versetzt, und Sie werden feststellen, dass Sie keinen Wecker mehr brauchen.

Wecker: Freund oder Feind?

Moderne Menschen hassen Wecker. Diese seelenlosen Piepser rauben uns den Schlaf, und in der Hoffnung, die schönen Momente zu verlängern, drücken wir die „10-Minuten-Schlummertaste". Wir selbst machen uns den Wecker zum Feind.

Wenn das Morgenlicht den Raum erfüllt, hört der Körper auf, Melatonin zu produzieren – die intensive

Cortisol-Synthese beginnt. Ihre Temperatur, Ihr Blutdruck und Ihr PER-Eiweißspiegel steigen an. Ihr Körper bereitet sich auf das Aufwachen vor. Deshalb öffnen Sie Ihre Augen kurz vor dem Weckerklingeln, wenn Sie das Programm befolgen.

Die Sleep-Taste unterbricht diesen Prozess. Sie beginnen, wieder einzuschlafen, und fallen in die erste Phase des langsamen Schlafs zurück. Der Körper ist verwirrt: Man braucht wieder Melatonin, aber wohin geht das Cortisol? Das führt dazu, dass man sich nach 5–10 Minuten zwingt, aufzustehen, sich aber träge und kaputt fühlt.

„Unsinn! Ich wache nie vor dem Wecker auf, du kannst mich nicht mit einer Pistole aufwecken!" Wenn ja, dann schlafen Sie einfach nicht genug und sind nicht im Zeitplan. Um sich mit dem Wecker anzufreunden:

● verwenden Sie nicht die Taste ‚Halten';

● setzen eine angenehme Melodie, deren Lautstärke langsam ansteigt;

● Stellen Sie den Wecker so, dass Sie ihn nach den ersten 5 Minuten nach dem Aufwachen ausschalten können, wenn Sie bereits aufgestanden sind.

Schlaflosigkeit

Schlaflosigkeit ist eine Schlafstörung, die durch eine unzureichende Dauer und/oder Qualität des Schlafs gekennzeichnet ist. Sie tritt bei Menschen aller Altersgruppen auf. Schlaflosigkeit kann chronisch (einen Monat oder länger andauernd) oder akut (mehrere Nächte hintereinander) sein. Die Symptome:

- Sie können überhaupt nicht schlafen.
- Sie wachen immer wieder auf.
- Sie sind verärgert, dass Sie nicht gut schlafen.
- Alles fällt auseinander, man will mit niemandem mehr reden.

Mögliche Gründe:

- Stress, Probleme bei der Arbeit und im Privatleben, Depressionen.
- Vernachlässigung Ihrer Routine. Die Entscheidung, am Wochenende ein langes Nickerchen zu machen, kann zu Schlaflosigkeit führen.
- Schichtarbeit und die daraus resultierende Störung des zirkadianen Rhythmus.
- Medikamente. Prüfen Sie, ob Schlaflosigkeit zu den Nebenwirkungen der Medikamente gehört, die Sie einnehmen.
- Schlechte Schlafhygiene (stickige Raumluft, zu heiß, laut oder hell).

Schlaflosigkeit kann auch mit somatischen und neurologischen Erkrankungen einhergehen. Hier müssen Sie einen Arzt aufsuchen, aber in den meisten Fällen können Sie die Schlaflosigkeit selbst beseitigen.

Wie leicht kann man einschlafen?

Meistens sind es unsere eigenen Gedanken, die uns wach halten. Nicht immer sind sie angenehm. Es gibt verschiedene Techniken, um das Klingeln in Ihrem Kopf zu stoppen. Visualisierung, zum Beispiel. Stellen Sie sich vor, wie Sie am Strand unter dem Plätschern der Wellen ein Nickerchen machen. Je detaillierter das Bild ist, desto schneller sind Sie im Reich von Morpheus. Eine andere Technik ist das Autotraining: „Meine Augenlider werden schwer, ich schlafe ein …".

Sie können auch die Ereignisse des Tages in umgekehrter Reihenfolge durchgehen oder sich in Ihrer Fantasie eine Gutenachtgeschichte erzählen. Versuchen Sie auch, sich auf Ihre eigene Atmung zu konzentrieren: Atmen Sie 4 Sekunden lang tief durch die Nase ein, halten Sie den Atem 7 Sekunden lang an und atmen Sie 8 Sekunden lang langsam durch den Mund aus. Diese Übung wird Sie beruhigen und Sie werden keine Zeit haben, an etwas anderes zu denken, während Sie die Sekunden zählen.

Bedanken Sie sich für den Tag, der vorübergeht. Für wen oder was sind Sie heute dankbar? Aus der Sicht der positiven Psychologie stärkt ein Dankeschön die zwischenmenschlichen Beziehungen und ist ein großer Motivator. Wenn Sie mit guten Gedanken schlafen gehen, bereiten Sie sich darauf vor, die Kette des guten Morgens fortzusetzen.

Manchmal können wir wegen einer Kleinigkeit nicht einschlafen, z. B. wegen einer unbequemen Position oder dem „unangenehmen" Geruch der Bettwäsche. Aber in der Wissenschaft vom Schlaf gibt es keine Kleinigkeiten. Achten Sie auf die Körperhaltung, in der Sie normalerweise aufwachen. Legen Sie sich so hin, wenn Sie das nächste Mal nicht schlafen können. Verwenden Sie spezielle Kerzen oder eine Lampe mit ätherischen Ölen, um das Schlafzimmer mit dem beruhigenden Duft von Lavendel zu erfüllen.

Am wichtigsten ist jedoch, dass Sie abendliche Rituale entwickeln und einhalten, um Ihren Körper auf den Schlaf vorzubereiten.

Richtige abendliche Rituale

● Führen Sie ein Tagebuch. Sie können die Ereignisse des Tages, Ihre Gedanken und Erfahrungen aufschreiben. Bevorzugen Sie einen Stift und ein Notizbuch aus Papier. Darüber werden wir später noch ausführlicher sprechen.

● Lesen. Ein normales Buch oder ein E-Book mit einem E-Ink-Bildschirm. Und kein Horror, keine Action und kein Drama. Wählen Sie leichte, positive Arbeiten.

● Planung. Wenn Sie sich am Abend einen Plan machen, sparen Sie nicht nur Zeit, sondern Sie sind auch gleich einsatzbereit.

● Vernetzung. Der Abend ist eine Zeit für Familie und Freunde. Sie sollten nachts keine intellektuelle Arbeit verrichten. Kommunikation ist kein soziales Netzwerk und kein Chat, sondern ein lebendiges Gespräch.

● Auch eine gesunde Ernährung, Meditation und Spaziergänge tragen dazu bei, den Schlaf zu normalisieren.

Körperliche Bewegung vor dem Schlafengehen

Viele Menschen glauben, dass man müde sein muss, um gut zu schlafen. Körperliche Aktivität wirkt sich positiv auf die Schlafqualität und -dauer aus. Es ist jedoch ratsam, intensive sportliche Betätigung mindestens 4–6 Stunden vor dem Schlafengehen zu beenden.

Sie können 1–2 Stunden vor dem Schlafengehen leichte Aerobic-Übungen machen, Yoga oder einfach meditieren.

Eine der besten Yogastellungen zur Entspannung ist Savasana. Legen Sie sich auf den Rücken. Legen Sie Ihre Hände mit den Handflächen nach oben am Körper entlang, aber berühren Sie den Körper nicht. Spreizen Sie Ihre Beine ein wenig. Schließen Sie die Augen. Entspannen Sie alle Muskeln Ihres Körpers, eine nach der anderen, beginnend mit Ihren Zehen. Bewegen Sie sich allmählich nach oben: Gesäß, unterer Rücken, Bauch, Rücken, Brust und so weiter. Entspannen Sie abschließend die Muskeln von Hals, Gesicht und Augen. In der

Regel hat eine Person zu diesem Zeitpunkt bereits abgeschaltet.

Die beste Möglichkeit, sich abends körperlich zu betätigen, ist jedoch ein Spaziergang. Sie werden Ihren Körper mit Sauerstoff anreichern, die Sorgen und Ängste des Tages buchstäblich hinter sich lassen und vielleicht sogar Appetit bekommen.

Essen und Trinken vor dem Schlafengehen

Nachts zu essen, ist nicht gesund. Aber ins Bett zu gehen, wenn der Magen vor Hunger knurrt, ist auch nicht richtig. Die letzte Mahlzeit sollte zwei bis drei Stunden vor dem Schlafengehen eingenommen werden. Sie sollten Lebensmittel essen, die für die Erholung förderlich sind. Insbesondere Lebensmittel, die reich sind an:

- Melatonin, dem Schlafhormon;
- Tryptophan, einer Aminosäure, aus der Melatonin synthetisiert werden kann;
- Kalzium, das die Aufnahme von Tryptophan fördert;
- Magnesium, einem natürlichen Muskelrelaxans, das Ihnen hilft, sich zu entspannen;
- Eiweiß, das den Säuregehalt des Magens senkt, was zu Schläfrigkeit führt.

Snacks für einen besseren Schlaf

- Kirschsaft oder frische Kirschen. Diese Beere ist

reich an Melatonin und enthält das Hormon selbst, nicht seine Vorstufe. Der regelmäßige Verzehr von Kirschsaft verlängert die Schlafdauer erheblich.

● Bananen. Sie sind reich an Magnesium und enthalten außerdem Tryptophan.

● Joghurt oder fettarmer Hüttenkäse. Milchprodukte sind reich an Kalzium und Eiweiß.

● Pute, Hülsenfrüchte, Eier. Dies sind kalorienarme, nahrhafte Lebensmittel, die dazu beitragen, den pH-Wert des Magens zu senken und aufgrund von Tryptophan schläfrig zu machen.

● Spinat und andere dunkelgrüne Gemüsesorten, Kürbiskerne, Mandeln. Reich an Magnesium, das die Muskeln entspannt und das Einschlafen erleichtert.

Verzichten Sie vor dem Schlafengehen auf fette Speisen, Kaffee und koffeinhaltige Produkte sowie Alkohol. Ersteres kann zu Verdauungsstörungen führen und sich nachteilig auf die Figur auswirken. Kaffee, schwarzer Tee, Energydrinks und andere koffeinhaltige Produkte halten Sie lange wach. Sie sollten mindestens drei Stunden vor dem Schlafengehen vermieden werden.

Die letzte Tasse Espresso sollte bis spätestens 14:00 Uhr getrunken werden. Ein Kräutertee vor dem Schlafengehen mit Kamille, Oregano, Melisse oder Weißdorn ist eine gute Idee. Sie werden Ihnen helfen, sich zu beruhigen und zu entspannen. Alkohol ist besonders heimtückisch. Er hilft beim Abschalten, ist aber schlecht für die REM-Schlafphase, und der Flüssigkeits- und Ethanolabbau führt dazu, dass wir aufwachen, bevor wir uns erholen konnten. Eine Dose Bier oder ein Glas Wein vor dem Schlafengehen ist also nicht das beste Schlafmittel.

Besser ist es, einen Becher warme Milch mit Honig zu trinken. Milch enthält Tryptophan, Eiweiß und Kalzium. Dieses Getränk hat eine wärmende, einlullende Wirkung – genau wie damals, als wir Kinder waren.

Wie man das Schnarchen loswird

Manchmal liegt die Ursache der Schlaflosigkeit nicht bei uns, sondern bei unserem Partner, der neben uns liegt und schnarcht. Schlagen Sie ihn nicht gleich mit einem Kissen, sondern helfen Sie ihm, das Problem zu lösen. Schnarchen ist der Vorgang des Atmens während des Schlafs, bei dem eine Person ein charakteristisches rasselndes Geräusch von sich gibt. Statistiken zeigen, dass 45 % der Erwachsenen in unterschiedlichen Abständen im Schlaf schnarchen.

Schnarchen kann ein Anzeichen für bestimmte Krankheiten sein (Apnoe, Fettleibigkeit, Bluthochdruck und andere), aber am häufigsten wird es durch geschwächte Rachenmuskeln, verstopfte Nasengänge oder Gaumenvibrationen verursacht.

Die Kehlkopfmuskeln verlieren mit dem Alter an Spannkraft. Sie können jedoch mit einigen einfachen Übungen gestärkt werden.

● Schließen Sie den Mund und pressen Sie die Lippen 30 Sekunden lang so fest wie möglich zusammen.

● Öffnen Sie den Mund, bringen Sie den Unterkiefer nach rechts und halten Sie ihn 30 Sekunden lang. Dann wiederholen Sie das Gleiche auf der anderen Seite.

● Strecken Sie Ihre Zunge so weit wie möglich heraus und entspannen Sie sich dann. Wiederholen Sie dies zehnmal. Strecken Sie Ihre Zunge wieder heraus und versuchen Sie, Ihr Kinn und dann Ihre Nase zu berühren. Wiederholen Sie dies jeweils zehnmal.

● Alkohol, Kaffee und Beruhigungsmittel entspannen die Muskeln des Rachens, außerdem blockiert das Rauchen die Atemwege und reizt die Schleimhäute in Rachen und Nase. Um das Schnarchen loszuwerden, reicht es daher manchmal aus, schlechte Gewohnheiten aufzugeben.

● Und das Einfachste: Ändern Sie Ihre Körperhaltung. Wenn man auf dem Rücken schläft, entspannen sich die Muskeln des unteren Gaumens, die Zunge sinkt ab und es entsteht Druck auf die Atemwege. Schlafen Sie also auf der Seite oder auf dem Bauch, legen Sie das Kopfkissen höher oder verwenden Sie ein spezielles orthopädisches Kissen.

Mittagsschlaf

Churchill hat nie ein Nachmittagsschläfchen versäumt, auch nicht während des Krieges. Der Politiker war der Meinung, dass ein Nachmittagsschlaf wie nichts anderes die Leistungsfähigkeit steigert. Und er hatte recht: Ein Mittagsschlaf ist in der Tat von Vorteil. Vor allem, wenn man nachts nicht genug Schlaf bekommt. Winston Churchill schrieb: „Man muss zwischen Mittag- und Abendessen schlafen, und keine halben Sachen, niemals! Ziehen Sie sich aus und gehen Sie ins Bett. Glauben Sie nicht, dass Sie weniger arbeiten müssen, weil Sie tagsüber schlafen. Dies ist eine törichte Meinung von Leuten, die keine Fantasie haben. Im Gegenteil, man schafft mehr, weil man zwei Tage an einem Tag hat – na ja, zumindest anderthalb".

Ein kurzer Mittagsschlaf verbessert das Gedächtnis und andere kognitive Funktionen. Es hilft, die gesammelten Informationen vom Kurzzeit- ins Langzeitgedächtnis zu übertragen.

Ein solcher Schlaf fördert die Kreativität und verbessert die Lernfähigkeit. Es hilft Ihnen, Stress zu bewältigen, und verbessert Ihre Stimmung.

Wie lange sollte man ein Nickerchen machen?

- 10–20 Minuten. Dies ist die ideale Länge des Tagesschlafs. Sie durchlaufen die ersten beiden Phasen des langsamen Schlafs und wachen leicht auf, sodass Sie

Zeit haben, Ihren Geist und Körper zu erholen.

● 30 Minuten. Nach einer halben Stunde Nachmittags-schlaf können Sie einen Zustand der Trägheit erleben, der dem eines Katers ähnelt. Dies wird weitere 30 Mi-nuten dauern.

● 60 Minuten. Nach einem solchen Schläfchen fällt es leicht, sich an Fakten, Gesichter und Zahlen zu erin-nern, aber Sie werden noch eine Weile auf Ihre Träg-heit reagieren.

● 90 Minuten. Ein vollständiger Schlafzyklus ist abge-schlossen. Es ist leicht, aufzuwachen, und man spürt einen Energieschub.

Wann, wie und wo man ein Nickerchen machen sollte

Die beste Zeit für eine Siesta ist zwischen 13 Uhr und 16 Uhr. Die genauen Zeiten hängen jedoch von Ihrem Zeitplan und Ihrem Biorhythmus ab. Wenn Sie zum Beispiel um 10.00 Uhr aufwachen, werden Sie wahr-scheinlich nicht schon nach drei Stunden ein Nicker-chen machen wollen.

Nickerchen sind gewöhnungsbedürftig. Üben Sie es mehrere Tage lang zur gleichen Zeit. Versuchen Sie, die gleiche Anzahl von Minuten zu schlafen. Berück-sichtigen Sie die Zeit, die Sie zum Einschlafen benöti-gen. Wenn Sie in 10 Minuten einschlafen, sollten Sie

Ihren Wecker auf eine halbe Stunde stellen, um 20 Minuten Schlaf zu haben.

Sie können überall ein Nickerchen machen: im Auto, am Schreibtisch, auf dem Sofa. Der Mittagsschlaf ist kurz, sodass das Risiko, mit Rücken- oder Nackenschmerzen aufzustehen, gering ist. Am besten suchen Sie sich einen ruhigen Ort mit gedämpftem Licht. Wenn es im Büro keinen gibt, verwenden Sie eine Schlafmaske und Ohrstöpsel.

Die goldenen Regeln für einen guten Nachtschlaf

● Halten Sie sich an ein Regime. Schlafen Sie ein und wachen Sie zur gleichen Zeit auf, wie es Ihre innere biologische Uhr vorgibt. Verwenden Sie spezielle Apps zur Untersuchung Ihres Schlafverhaltens. Ein Fitness-Tracker mit einer Schlafanalysefunktion ist eine gute Ergänzung.

● Schaffen Sie eine komfortable Schlafumgebung. Die optimale Temperatur im Schlafzimmer liegt bei 18–21 °C. Lüften Sie den Raum nachts. Verdunkeln Sie die Fenster, damit das Licht von Reklame, Straßenlaternen und vorbeifahrenden Autos Sie nicht stört. Wenn Sie nicht allein schlafen, besprechen Sie mit Ihrem Partner, welche Faktoren Ihren und seinen Schlaf beeinträchtigen, und sorgen Sie dafür, dass es für Sie beide angenehm ist.

● Kaufen Sie eine bequeme Matratze, ein bequemes

Kopfkissen und bequeme Kleidung zum Schlafen. Wechseln Sie das Bettzeug so oft wie möglich. Halten Sie Haustiere von Ihrem Bett fern.

● Machen Sie einen Spaziergang und meditieren Sie vor dem Schlafengehen.

● Legen Sie sich nicht auf nüchternen Magen hin, aber essen Sie auch nicht zu viel. Kein Kaffee oder Alkohol vor dem Schlafengehen.

● Benutzen Sie das Schlafzimmer nur zum Schlafen und für Sex. Schauen Sie nicht im Bett fern, benutzen Sie keinen Laptop, kein Tablet und kein Smartphone. Das Licht von Bildschirmen unterdrückt die Melatoninproduktion – die Schlafqualität sinkt.

● Verzichten Sie mindestens 2–3 Stunden vor dem Schlafengehen auf digitalen Lärm. Anstatt durch die sozialen Medien zu scrollen, E-Mails und Videos anzuschauen, sollten Sie sich auf Ihre Abendrituale konzentrieren.

● Legen Sie Ihr Telefon und Ihre Uhr nicht unter Ihr Kopfkissen. Wenn Sie nicht von selbst aufwachen, wird der Wecker Sie wecken. Sie brauchen nicht zu kontrollieren, wie lange Sie geschlafen haben und wie viel Schlaf Sie noch haben.

8. DIGITAL DETOX.

Gadgets haben viele Bereiche des Lebens und die Werkzeuge, die wir früher für alltägliche und berufliche Aufgaben verwendet haben, übernommen. Sie ermöglichen es uns, effizienter und produktiver zu sein, aber manchmal macht ihre Fähigkeit, uns zu unterhalten, auch süchtig.

So praktisch und nützlich Gadgets auch sein mögen, unser Gehirn ist es nicht gewohnt, sich über längere Zeit auf einen kleinen Bildschirm zu konzentrieren. Die Evolution sah nicht vor, dass der Mensch über so lange Zeiträume in die magische Welt der Laptops eintauchen würde. In diesem Fall ist der Ausdruck „ein bisschen von dem guten Zeug", der auf viele Dinge zutrifft, ein guter Ausdruck. Übermäßiger Genuss kann sich negativ auf die Gesundheit auswirken.

Aber das Hauptproblem, das die übermäßige Sucht nach Gadgets mit sich bringt, hat nicht einmal mit Dingen wie Tunnelsyndrom, Gelenkbeschwerden, schlechter Sehkraft und Wirbelsäulenproblemen zu tun.

Das Hauptproblem ist, wie sich die Geräte auf unser Nervensystem auswirken.

Mikroskopisch kleine Elemente auf dem Bildschirm, die wir ständig mit den Fingern berühren müssen, verursachen Verspannungen und Stress. Wir fokussieren unsere Aufmerksamkeit über einen längeren Zeitraum und müssen uns daher konzentrieren. Wir konsumieren Informationen in riesigen Mengen: Gedanken anderer Menschen, Nachrichten, Produktivitätsartikel, sinnlose Inhalte (die zuweilen nicht greifbare Frustrationsgefühle auslösen). Zweifellos kostet es viel Energie und Zeit, sie zu verdauen, das Überflüssige wegzuwerfen und das Wichtige zurückzulassen.

Um das Puzzle zusammenzusetzen, arbeitet Ihr Gehirn nachts. Ein deutliches Anzeichen dafür, dass Sie Ihr Gehirn mit Informationen und Ihren Körper mit Stress überladen, ist die Häufigkeit Ihrer Träume. Es spielt keine Rolle, ob es sich um Albträume oder einfach nur um Kauderwelsch handelt. Im REM-Schlaf versucht Ihr Gehirn, all die Dinge, die Sie tagsüber gelernt/erlebt haben, zu verarbeiten. In diesem Schlafmodus träumt der Mensch, das war schon erwähnt.

Das ist ein guter Grund, sich eine digitale Entgiftung zu gönnen. Schließlich braucht der Körper im Durchschnitt bis zu viermal länger, um die Auswirkungen von Stress abzubauen, als er gebraucht hat, um in diesen Zustand zu gelangen.

Was ich Ihnen also vorschlage, kann Ihnen nicht nur helfen, einen entspannten Tag zu haben und Schocks besser zu verkraften, sondern auch, mehr geistige Klarheit und Raum für Ihre eigenen Ideen zu gewinnen. Der Einfachheit halber werde ich diese Praxis in drei Elemente unterteilen und sie in der Reihenfolge ihrer Priorität und zunehmender Komplexität diskutieren.

Der Morgen des Champions

Für mich ist der Morgen einer der wichtigsten Abschnitte des Tages. Im Allgemeinen ist diese Idee nicht neu, aber ich begann, über die Auswirkungen unserer morgendlichen Erfahrungen auf den folgenden Tag nachzudenken, noch bevor ich in den Ratschlägen von Coaches für persönliche Effektivität und in Büchern des populärpsychologischen Genres auf die Bedeutung von Morgenritualen stieß. Ein bekanntes Sprichwort lautet: „Wie man das Jahr beginnt, so verbringt man es". Aber es wäre mehr Wahrheit darin, wenn sie speziell über den Tag sprechen würde. Es ist viel einfacher, das Paradigma während des Jahres zu durchbrechen als während des Tages.

Leider ist das Smartphone für viele Menschen das erste, was sie nach dem Aufwachen sehen, und wer seinen Körper kennt, kann beobachten, wie mit der ersten geöffneten App eine Anspannung im Körper entsteht, die die angenehme morgendliche Ruhe ersetzt. Die Menschen berauben sich selbst des Vergnügens, allmählich aufzuwachen und den Tag auf natürliche

Weise zu beginnen. Stattdessen stürzen sie sich sofort in die Abgründe des Informationsrauschens. Dieser Stress kann zum Leitmotiv eines ganzen Tages werden.

Ich erlebte ein unglaubliches Gefühl der Glückseligkeit und einen Zustand des ‚Flows‘, als ich zum ersten Mal die Praxis eines Gadget-freien Morgens verwirklichte und anwendete. Ich entsperrte mein Smartphone erst, als ich bei der Arbeit ankam, und als ich das tat, stürzte ich mich in meine Arbeit und kam erst am Abend wieder „hoch". Das waren die entspanntesten und effizientesten Arbeitstage, die ich je erlebt habe. Der erste Tipp ist also, in den ersten Stunden nach dem Aufwachen auf Gadgets zu verzichten. Lassen Sie sich die Möglichkeit, den Tag natürlich und sicher zu gestalten.

Gute Nacht, ihr Kleinen

Aber eigentlich beginnt Ihr Tag mit dem Schlaf. Ihr Wohlbefinden, Ihre Fähigkeit, sich zu konzentrieren und Ideen zu entwickeln, hängen von seiner Qualität ab. Als zweiten Schritt schlage ich vor, dass Sie keine Geräte mit ins Bett oder besser noch in Ihr Schlafzimmer nehmen.

Lassen Sie Ihr Handy in einem anderen Zimmer, wenn Sie sich zum Schlafengehen fertig machen, oder noch besser, geben Sie es ein paar Stunden vor dem Schlafengehen auf. Das ist schwierig, denn das Gehirn verlangt (ja, es ist eine Sucht) nach etwas mehr "leckeren" Informationen, bevor es in den Schlaf gleitet.

Sie können jedoch die Gewohnheit, ein Gerät mit ins Bett zu nehmen, durch etwas Gründlicheres und Systematischeres ersetzen – zum Beispiel dadurch, ein Buch mit ins Bett zu nehmen. In jedem Fall sollte sich Ihr Körper so natürlich und reibungslos auf die tägliche Ruhephase vorbereiten, wie Sie es morgens beim Aufstehen tun. Schließlich wissen Sie ja jetzt, wie es geht. Kommen wir nun zum schwierigsten Teil.

Nehmen Sie sich Zeit für sich selbst

In dieser Phase haben Sie viel Zeit, die Sie mit produktiveren Dingen verbringen können. Ich schlage vor, dass Sie eine Stunde am Tag/Abend wählen, in der Sie die Inhalte aufnehmen. Die Feeds (YouTube, Facebook, Instagram usw.) spielen mit unseren natürlichen Anreizmechanismen, sodass es uns manchmal schwerfällt, uns vom Konsum loszureißen, und umgekehrt ist es leicht genug, uns mit diesen im Grunde endlosen Dingen zu beschäftigen.

Es ist ratsam, im Voraus genau zu wissen, was Sie sich ansehen werden. Den Rest der Zeit sollten Sie sich selbst kontrollieren. Ja, es ist schwer, aber hier sind einige Tipps, die es Ihnen leichter machen:

Wie Sie es sich selbst leichter machen

Sie können versuchen, alle drei Schritte auf einmal durchzuführen, aber wenn Sie damit keinen Erfolg haben, schlage ich vor, dass Sie es langsamer und konsequenter angehen. Lernen Sie zuerst, den Morgen zu genießen, und Sie werden die Bedeutung der anderen Schritte verstehen;

Es ist schwer, eine Gewohnheit aufzugeben, daher brauchen Sie ein starkes Engagement und eine Vorstellung davon, was Sie anstreben. Man kommt nirgendwo hin, wenn man nicht weiß, wohin man will; Man kann eine schlechte Angewohnheit nicht einfach loswerden, damit sie nicht wiederkommt. Sie müssen sie durch eine gesunde ersetzen. Denken Sie zum Beispiel an morgendliche Rituale mit Bewegung und einem gesunden Frühstück oder an abendliche Rituale mit Körperpflege und einem schönen Buch;

Manchmal ist es viel einfacher, sich durch den Konsum von Inhalten vom Stress abzulenken. Sie bemerken das vielleicht, wenn Sie in Ihrem Leben einen Umbruch und Stress erleben, und manchmal bleiben Sie in diesen Momenten einfach an Ihrem Telefon. Doch mit einer ‚Kopf-in-den-Sand'-Taktik lässt sich das Problem (der Stress) nicht beseitigen.

Entfernen Sie die Reizstoffe. Wenn Sie das Facebook-Symbol auf Ihrem Handy erreichen können, werden Sie es auch benutzen. Machen Sie die Aufgabe unmöglich – entfernen Sie unnötige Anwendungen.

Wenn Sie diese Praxis begonnen haben, führen Sie sie bis zum Ende durch. Sie können die 45-Tage-Technik anwenden: Führen Sie die Praxisbedingungen 45 Tage lang aus, um sich eine Gewohnheit anzueignen, und wenn Sie abschweifen, beginnen Sie erneut, zu zählen. Machen Sie auf jeden Fall nach 30 Tagen eine Markierung, um zu sehen, ob Ihnen das Ergebnis gefällt und Sie weitermachen wollen.

9. EIN BUCH, DAS IHR LEBEN VERÄNDERN KANN.

Ein Großteil unserer Fähigkeit, einen klaren Kopf zu behalten, hängt auch davon ab, dass man nicht genau weiß, was zu tun ist.

Viele von uns haben leider keine Gewohnheit, unsere eigenen Gedanken, Handlungen und Gefühle im Detail zu beschreiben, zu analysieren und mit deren Hilfe unser eigenes Leben zu planen. Die Analyse der Gegenwart und die Planung der Zukunft können jedoch eine echte Erlösung für die „Verlorenen" sein, für diejenigen, die in einer Routine feststecken, die ziellos und endlos erscheint. Im sechsten Punkt haben wir bereits festgestellt, wie wichtig es ist, jeden einzelnen

Tag zu planen. Und das ist die Grundlage der Lebens-
planung.

Viele berühmte Persönlichkeiten wie der Schriftsteller Mark Twain, der Künstler und Wissenschaftler
Leonardo Da Vinci, die Politiker George Washington
und Winston Churchill, die weltberühmte Fernsehmo-
deratorin Oprah Winfrey und viele andere führten und
führen ein Tagebuch. Gründe dafür:

● Ein Tagebuch bewahrt die Erinnerung und ermöglicht es Ihnen, sich an vergangene Ereignisse zu erinnern. Die tägliche Aufzeichnung verschiedener Ereignisse ermöglicht es, scheinbar unbedeutende Begeben-
heiten nicht zu vergessen, aber mit der Zeit können
Ihre Memoiren zu einer echten Aufzeichnung der
Tage, Monate und Jahre werden, die vergangen sind.
Unsere Aufzeichnungen der Gegenwart werden für Sie
in Zukunft überraschend nützlicher Lesestoff sein.

● Durch das Tagebuch kann man aus seinen eigenen
Erfahrungen lernen. Ergänzend zum vorhergehenden
Punkt: Wenn Sie auf das zurückblicken, was Sie in Ihr
Tagebuch geschrieben haben, können Sie auf ganz andere Details achten, weil Sie die Vergangenheit mit anderen Augen sehen. Die Zeit wird Ihre Gedanken unweigerlich verändern, bevor Sie es merken. Mit der
Zeit und der Erfahrung ändern sich unsere Überzeugungen, aber in einem Tagebuch bleiben sie für immer
unverändert. Und weil es Ihre Geschichte ist, können

Sie vergangene Ereignisse analysieren und Fehler der Vergangenheit nicht wiederholen.

● Das Tagebuch ist ein Beweis für Ihre Fortschritte. Wenn Sie aufschreiben, was heute Gutes passiert ist, können Sie sich inspirieren lassen, wenn Sie sich niedergeschlagen und deprimiert fühlen. An besonders schlechten Tagen vergessen wir oft, welche Fortschritte wir bereits gemacht haben, welche kleinen oder großen Erfolge wir schon haben. Das Tagebuch hilft auch, eine angemessene Einschätzung der Ereignisse zu halten. Man muss nur die Aufzeichnungen betrachten — und hier sind sie, Beweise dafür, wie viel Sie in den letzten Monaten oder Jahren gewachsen sind.

Wenn Sie eine Pause vom Tagebuchschreiben gemacht haben, fangen Sie wieder damit an. Wenn Sie einen Tag, ein paar Tage oder sogar Wochen ausfallen lassen, ist das nicht schlimm, Sie können einfach von heute an wieder anfangen. Der Versuch, alles, was passiert ist, im Nachhinein festzuhalten, ist der beste Weg, um das Interesse am Tagebuchschreiben zu verlieren.

Wenn Sie sich nach einigen Wochen noch an ein Ereignis erinnern, das Sie nicht aufgeschrieben haben, wird es Ihnen später wieder einfallen und Sie können es beschreiben. Machen Sie sich keine Sorgen, wenn

Sie einen Tag, eine Woche oder einen Monat verpassen, niemand zählt mit. Sie sollten sich jedoch angewöhnen, jeden Tag ein paar Zeilen zu schreiben, damit Sie im Laufe der Zeit eine interessante und ausführliche Autobiografie erstellen können. Wie führt man also ein Tagebuch?

● Zunächst einmal: Viel Spaß mit dem Tagebuch, es ist keine Hausaufgabe!

● Seien Sie ehrlich in Ihrem Tagebuch. Wozu ein Tagebuch führen, wenn man nicht zugeben kann, was man fühlt?

● Wenn Ihnen etwas an dem, was Sie geschrieben haben, nicht gefällt, reißen Sie keine Seiten heraus und streichen Sie keine Wörter durch. Mit der Zeit wird es anders aussehen als jetzt, und in ein paar Jahren werden Sie die Notizen lesen und froh sein, dass Sie das Geschriebene in Originalform erhalten haben.

● Versuchen Sie, ein Tagebuch an einem Ort zu halten, der Sie daran erinnert, von Zeit zu Zeit zu schreiben. Wenn Sie es auf den Boden der Schublade legen, können Sie es bald vergessen.

● Denken Sie darüber nach, ob es sich lohnt, das Cover mit Aufklebern, Zeichnungen, Fotos und mehr zu dekorieren. Gehen Sie kreativ zur Sache und Sie werden überrascht sein, wie viel Sie sich auf diese Weise ausdrücken können.

● Bringen Sie jede Emotion zu Papier! Schreiben Sie

darüber, wie wütend Ihr Nachbar oder Kollege Sie macht, oder über jede Kleinigkeit, die Ihr Mann für Sie tut. Ein Tagebuch ist ein Freund, der nie seine Geheimnisse preisgibt, also teilen Sie ihm alles mit: Schwärmereien, Träume, Gedichte und Lieder, die Sie schreiben wollen, und vieles mehr.

● Wenn es Ihnen wirklich wichtig ist, die Erinnerung an den Tag wachzuhalten, wählen Sie eine bestimmte Zeit am Abend, um zu schreiben. Das kann zum Beispiel sein, wenn Sie nach Hause kommen, oder eine halbe Stunde vor dem Schlafen. Jederzeit ist gut! Suchen Sie sich einen abgelegenen Ort, an dem Sie schreiben können, ohne Angst zu haben, dass jemand Ihr Tagebuch liest.

● Das Tagebuch kann in Form eines Buches geschrieben werden. Wählen Sie einen Namen, den Sie mögen, und geben Sie sich diesen Namen, sodass der Leser, der die Chiffre nicht kennt, nicht erraten kann, um wen es sich handelt. Viel Spaß mit dem Tagebuch, und ich wiederhole: Das sind keine Hausaufgaben!

● Sie können am Anfang ein Tagebuch als Notizbuch verwenden, um Dinge aufzuzeichnen, die Sie interessieren, und dann können Sie plötzlich feststellen, dass Sie Ihre eigenen Gedanken darüber zur Liste hinzufügen möchten.

Kapitel 2. Kurz vor der Arbeit Klarheit finden

„Allgemeine Ratschläge sind natürlich toll, aber wie stelle ich meinen Kopf vor der Arbeit ein?", fragen Sie. Für diesen Fall gibt es einige universelle Empfehlungen, die ich persönlich in meiner Erfahrung getestet habe. Sie sollten vor dem Studium, einer Vorlesung, einem Arbeitstag, nach der Mittagspause ... im Allgemeinen etwa zehn Minuten vor Beginn der geistigen Tätigkeit verwendet werden. Ich verwende diese Tipps lieber als kompletten Algorithmus, bevor ich mit der Arbeit beginne, aber das ist optional.

1. Finden Sie einen ruhigen und bequemen Platz zum Arbeiten. Wählen Sie einen Ort, an dem Sie bequem sitzen können und nicht durch Gespräche, laute Musik oder Schritte gestört werden. Finden Sie eine Ecke mit guter Beleuchtung und einer angenehmen Temperatur. Unter unangenehmen Bedingungen und bei Ablenkung ist es für eine Person schwierig, klar zu denken. Wenn Sie mit jemandem zusammenleben oder Ihr Arbeitsumfeld keine Privatsphäre zulässt, bitten Sie die Menschen um Sie herum, Sie nicht zu stören, damit Sie sich konzentrieren können. Wenn Sie sich nicht vor Lärm verstecken können, verwenden Sie In-Ear-Kopfhörer und hören Sie leise Musik. Statt Musik kann man auch den Klängen der Natur lauschen, aber manchmal sind sie zu beruhigend und lassen einen einschlafen.

2. Ein aufgeräumter und ordentlicher Arbeitsplatz hilft Ihnen auch, sich zu konzentrieren und Störungen zu vermeiden. Denken Sie daran, Ihren Schreibtisch leerzuräumen, damit Sie nichts ablenkt. Bereiten Sie alles vor, was Sie für die Arbeit brauchen, damit Sie später keine Zeit damit verschwenden.

3. Erfüllen Sie Ihre körperlichen Bedürfnisse. Körperliches Unbehagen hindert Sie daran, sich zu konzentrieren und klar zu denken. Versuchen Sie, Ihre Empfindungen bewusst zu bewerten. Schließen Sie die Augen

und versuchen Sie, zu verstehen, was Sie gerade erleben, damit Sie für Ihr Wohlbefinden sorgen können. Zum Beispiel: Wenn Sie hungrig sind, machen Sie eine Pause und essen Sie etwas; wenn Ihre Muskeln angespannt sind, machen Sie etwas Sport; wenn Ihnen kalt ist, drehen Sie die Heizung auf oder ziehen Sie einen Pullover an.

4. Begrenzen Sie die Anzahl der digitalen Ablenkungen. Wenn Sie sich auf eine Aufgabe konzentrieren müssen, die erhebliche geistige Anstrengung erfordert, legen Sie Ihr Handy beiseite und versuchen Sie, so wenig wie möglich ins Internet zu schauen. Diese Ablenkungen beeinträchtigen immer Ihr Denken und Ihre Konzentration.

5. Wenn es Ihnen schwerfällt, sich vom Surfen abzuhalten, verwenden Sie eine App wie Freedom, um den Zugriff auf Seiten vorübergehend zu blockieren. Sie können auch die Benachrichtigungen auf Ihrem Telefon ausschalten, wenn sie Sie ablenken.

6. Konzentrieren Sie sich auf Ihre Atmung. Wenn Sie aufgeregt oder abgelenkt sind und sich einfach nicht konzentrieren können, atmen Sie ein paar Mal tief und langsam durch. Atmen Sie durch die Nase ein und atmen Sie dann langsam durch Mund oder Nase aus. Nehmen Sie, wenn möglich, für einige Minuten eine bequeme Sitz- oder Liegeposition in einem ruhigen und angenehmen Raum ein. Schließen Sie die Augen

und versuchen Sie, sich auf das Gefühl des Atmens zu konzentrieren. Tiefes Atmen füllt Ihr Gehirn mit Sauerstoff und signalisiert Ihrem Geist und Körper, sich zu entspannen. Versuchen Sie, Ihre unruhigen Gedanken zu beruhigen und sich zu konzentrieren.

7. Unterteilen Sie große Aufgaben in überschaubare Teilaufgaben. Wenn eine große Aufgabe unmöglich erscheint und Sie nicht wissen, wo Sie anfangen sollen, versuchen Sie, sie in kleinere Teilaufgaben zu unterteilen. Eine Reihe kleinerer Aufgaben anstelle eines großen Vorhabens hilft Ihnen, sich besser zu konzentrieren und die erforderlichen Schritte klar zu erkennen. Wenn Sie zum Beispiel für eine Prüfung lernen, kann sich Ihr Gehirn nur wenig merken, wenn Sie versuchen, alle Informationen aus drei Absätzen auf einmal auswendig zu lernen. Beginnen Sie mit einer konkreten Frage.

8. Machen Sie alle 45–60 Minuten eine 15-minütige Pause. Sie müssen nicht die ganze Zeit mit der Aufgabe verbringen, sonst werden Ihre Gedanken bald abschweifen und sich im Kreis drehen. Dies ist eine wissenschaftlich bewiesene Tatsache. Um einen klaren Kopf zu behalten, sollten Sie mindestens einmal pro Stunde eine kurze Pause einlegen und sich erholen. In einer Pause können Sie sich leicht bewegen, eine Erfrischung zu sich nehmen und die Blumen gießen. Und damit Sie Ihre Pausen nicht vergessen, sollten Sie sich

einen Timer oder Wecker vor die Augen halten. Es gibt auch Apps wie *Pomodoro Timer*, die auf allen gängigen Betriebssystemen verfügbar sind: iOS, Android, Windows, macOS, Linux und als spezielle Erweiterungen für Browser. Letztere zeichnen sich dadurch aus, dass sie nicht nur als Timer fungieren, sondern auch unerwünschte Inhalte blockieren. Das heißt, Sie können sich von Ihrem Computer aus nicht mehr bei Facebook anmelden, auch nicht für ein paar Minuten, um eingehende Nachrichten zu überprüfen.

9. Versuchen Sie, die Methode der aktiven Entspannung anzuwenden. Versuchen Sie, sich in Ihrer Pause eine friedliche Landschaft vorzustellen. Stellen Sie sich vor, Sie liegen an einem Strand oder in einem Boot inmitten eines ruhigen Sees. Stellen Sie sich den Anblick, die Geräusche, die Empfindungen und die Gerüche vor, denen Sie an einem solchen Ort begegnen könnten (eine sanfte Brise auf Ihrer Haut oder der Geruch von Herbstlaub in der Luft). Auf diese Weise können Sie sich entspannen und Ihr Gehirn besser aktivieren. Wenn Sie von Ihrer mentalen Reise zurückkehren, sollte Ihr Geist klar sein und Ihre Aufmerksamkeit sollte sich auf Ihre Arbeit richten.

Herstellung und Verlag:
BoD – Books on Demand, Norderstedt
ISBN: **9783755761488**

1. Auflage
Kontakt: Psiana eCom UG/ Berumer Str. 44/ 26844 Jemgum
Covergestaltung: Fenna Larsson
Coverfoto: depositphotos.com